ハンス＝ジョージ・メラー
吉澤夏子 訳

ラディカル・ルーマン
THE RADICAL LUHMANN

必然性の哲学から偶有性の理論へ

新曜社

Hans-Georg Moeller

THE RADICAL LUHMANN

ラディカル・ルーマン＊目次

装幀——難波園子

凡例

一　原注は（1）、（2）、……で示し、巻末に一括して記した。また原注における〔　〕は訳者による補足である。

二　訳注は＊で示し、奇数頁左端に記した。

三　原著でイタリックが用いられている箇所は、傍点を付した。

四　原著で〝 〟が用いられている箇所は、原則として「　」を用いたが、一部傍点を付した箇所もある。

五　原著におけるルーマンあるいは他の社会学者・哲学者の著作（ドイツ語）からの引用については、内容の確認のため適宜ドイツ語の原典および日本語訳を参照したが、訳出は原則として原著の英語から直接行なっている。

はじめに

ニクラス・ルーマンの社会システム理論は、現代社会のありようを理解するための、もっとも先進的かつ適切で、広く応用できる考え方をもたらしてくれる、という点で際立っている。一つ具体的な例を挙げよう。一九九七年に出版されたルーマン最晩年の論考「グローバリゼーションか世界社会か？：近代社会をどのように理解すべきか？」において、彼はこの問いにきわめて理路整然と答えているだけではなく、後に（二〇〇八―〇九年）大きな財政危機へといたることになる経済発展の輪郭を、驚くべき正確さで描いている[1]。

ルーマンはそうした危機そのものを予言したのではない。ただそれを可能にする社会的文脈をうまく説明することに成功したのだ。なぜそんなことができたのか、それはルーマンの理論的アプローチが、（彼によれば）幸福と連帯というユートピア的理想にずっと関心を寄せてきた主流の政治理論からラディカルに離脱していたからだ。ルーマンは次のように宣言する、「私たちは最終的に、人間の幸福などない社会、そしてもちろん上品な趣味も連帯も生活水準の類似性もない社会を甘んじて受け入れなければならない。こうした願望に固執すること、市民社会やコミュニティといった古びた名ばかりのものを今さら甦らせて、そんな一覧表を復活させ補完することに、なんの意味もない」と。彼は、社会理論家たちに、隠れた「理想主義者」や道徳主義者を気どることをやめよと訴え、こう言う。「社会学者は、近代の俗流聖職者の役割を担ってはならない」。ルーマンによれば、多くの社会思想・政治思想にみられる道徳主義的傾向は、理論的な退化からくるものだ。社会理論の「俗流聖職者たち」は、未だに社会を十八、十九世紀の大先生たちの視点で考えている、つまり社会は抑圧するものと抑圧されるものに二分されているという社会階層の視点で考えているのだ。彼はこう書いている、「階層に目を向ければ、不正や搾取、抑圧……に気づくことになろう。そしてそれを矯正する工夫をみいだそうとする。少なくとも批判や抵抗のレトリックを刺激するような規範的施策や道徳的禁止を打ち立てようとするだろう(2)」。ルーマンは、こうしたレトリカルな態度からラディカルに距離をとることを提唱する。その根底には、社会は階層的分化から機能的分化へと変化してきたという知見がある。彼はこう宣言する。「他方、機能的分化に目を向ければ、私たちの叙述は――システムごとにさまざまに異なるその特異な点において、高度な感受性と刺激性に結びついている――機能的システムの自律性、つまりその高度な中立性へとさし向けられる。こうして、私たちはそこに、頂点も中心もない社会、すなわち進展はしていくがそれ自体統御不能な社会というものをみいだすことになる(3)」。

俗流聖職者の視点からラディカルな理論家の視点へ、この転換こそ私が本書で探求するものだ。あるいは、ルーマン理論の間違った解釈に対抗しようとするものだ、と言い換えてもよい。マイケル・キングが言うように、そうした解釈は「ルーマン理論が導くラディカルな本性とパラダイムを認識[4]」しそこなっているからだ。しかしまず、一九九七年に、ルーマンの死後ずいぶん経ってから起きた財政危機の社会的条件を彼がどのように描いていたか、に立ち返ってみよう。

　機能的分化に基づくグローバル社会では、「国際的《インターナショナル》」とは、実際にはもはや二国間あるいは複数国間の関係ではなく、全体システムの政治的・経済的諸問題のことである。徹底的に脱地域化された世界社会では、「すべての内部境界は、サブシステムの自己組織化しだいで決まるのであり、歴史上の「起源」や包括的システムの性質や論理で決まるわけではない」。この結果、「世界社会は、さらに高度な複雑性の段階へと達した」といえるような状況がもたらされる。そこには「より高度な構造的偶有性《コンティンジェンシー》や、より予期不能・予測不能な変化（これをカオスとよぶ人々もいる）、そしてとくにより内的に結びあわされた依存性と自立性がみいだされる。つまり、因果的な構築（や計算や計画）は、中心的な、ゆえに「客観的な」観点からはもはや不可能だということだ[5]」。

　こうした混沌とした複雑な社会のなかでは、「機能的システム内の構造的発展が相互に両立可能であるという疑似宇宙論的保証は、もはやない」。それは、たとえば「きわめて効率的な現代医学は人口学的な結果をもたらす」ということ、すなわち医学の「進歩」は、高齢者人口と若者人口の不均衡や増大する保険医療費といったあらゆる種類の社会的・経済的諸問題を引き起こす、ということだ。同様に「国際金融市場の新たな集中やそれにともなう生産、労働、貿易の周辺化が起き、経済上の担保が実際の資産や一級の債務者から投機的思惑それ自体へと移行すると、仕事が減り、政治家は（市場を介さない？）仕事を約束するように仕向けられる。つまり、経済のヴァーチャル化、普通の商品よりも金融商品を焦点化する経済への移行は、（一部の人に）莫大な富を生みだしたが、経済と、たとえば下部構造《インフラ》、生産手段、労働、法システムとの、そして政治との伝統的な結びつきを侵食することになった。こうして、社会は、「予測できない結果に対して安全とリスクを同時に最大化するような新しい金融関連商品を擁する金融市場の不安定さ」に新たに直面することになる。言い換えれば、「経済システムは、その安全性の基盤を、資産や（国家や巨大企業のような）信頼に値する債務者から、投機的思惑それ自体へと変えたのだ。資産を維持しようとする者は大金を失い、財産を維持しかつ増殖しようとする者は日々その投資先を変えなければならないだろう。彼は新しい金融関連商品を利用するか、あるいは彼のかわりにそれを引き受けてくれる多くのファンドのどれかをあてにしなければならない(6)」。ルーマンには、こういったことのすべてを「搾取」といった伝統的な語彙や、「強欲」といった道徳主義者のカテゴリーで説明することはできない。

経済の金融部門におけるこうした展開とそのほとんど悲惨な結果――たとえばアイルランドの教育システムの場合――は、「私たちは「歴史以後」の段階にいるのではなく、逆に結果を言い当てることなどできない荒れ狂う進化の只なかにいるのだ(7)」というルーマンの言葉の正しさを、はっきりと示している。こうした状況で、過去三、四百年にわたって哲学者たちによって展開されてきた政治理論の言葉にしがみつくことは、有望な戦略だとは思えない。ルーマンは言う、「現在、社会という概念をめぐるまだ解かれていないさまざまな問題が、理論的進歩を妨げているように思える。善という考え方、あるいは少なくともより良い社会という考え方が、この領域を依然として支配している。社会学者たちは、理論に関心があるのに、新しい迷宮に足を踏み入れようとはせず、見返りが減りつつあるのに、古い迷宮を探求しつづけている。しかし、マスメディアによってつくり上げられた問題のより良い解決を探し求めるのではなく、まず「何が問題か」を問うことのほうが、価値があるだろう(8)」と。

ではいったい何が問題なのか。またさらに問うなら、それをもっとよく理解するために、私たちはどのようにものの見方を変えなくてはならないのか。以下の各章では、哲学から理論へという、現代世界への新しい視座を切り開くルーマンのパラダイム・シフトがどのようなものであるかを明らかにする。

まず、いかなる社会システムの下でルーマンの著作が生みだされたのか、つまりドイツの学問の現場が、二十世紀最後の二、三〇年間どのようなものであったのか、を描きだすことから始めよう。ルーマンは、「支配から自由な討議」(herrschaftsfreier Diskurs)に基づく社会というハバーマスの学説が優勢だった当時の状況のなかで、それに異議を唱えたにもかかわらず、いやおそらく異議を唱えたからこそ、成功することができたのだ。ルーマンは、この規範的な政治哲学に対して、一つのラディカルな選択肢を呈示した。ルーマンは自分の理論を、ひとたび敵陣の内部に入れば内側から敵を壊滅させてしまう破壊的なトロイの木馬だと考えている。私が主張するのは、この脅威を隠すためにルーマンがとった戦略の一つが、ときに難解になってしまうその文体だった、ということだ。ハバーマスや当時学界エリート層に属していた人々が用いる専門用語《ジャーゴン》を受け入れることで、ルーマンは彼らのトロイへと入っていくことを許されたのだ。

こうした予備的考察のあと、ルーマンの仕事における哲学から理論への転換だと私が考えるものについて、そのさまざまな側面をみていく。ルーマンは、近代西洋哲学の人間中心主義的な伝統と袂を分かつ。他のいかなる人文科学にもまして、哲学は――とりわけ政治哲学・社会哲学では――人間を「万物の尺度」だとみなしてきた。人間の慢心に対するルーマンの「第四の侮辱《インサルト》」とは、社会理論の中心に位置する「人間」という概念を否定することにある。彼は、天文学（コペルニクス）、生物学（ダーウィン）、心理学（フロイト）においていち早く起きた非・人間中心主義につづいたのだ。この侮辱が、先達者たちとまったく同じように、多くの人々にスキャンダラスなものだと思われたことも、そのせいで、どこかのイデオロギー的陣営では、ルーマンをずっと好ましからざる人物だとみなしていたことも、驚くべきことではない。

第四章「必然性から偶有性へ」では、ルーマンとヘーゲルの比較を行なう。私の考えでは、ヘーゲルはルーマンに影響を与えたもっとも重要な哲学者である。しかし、この二人の偉大な体系の思想家の関係はかなり曖昧だ。私は、ルーマンの試みを、ヘーゲル哲学のヘーゲル的止揚だと考えている。ヘーゲルが哲学による宗教の止揚を試みたように、（それを一段高いレベルに上げて、克服し、保存する、という三重の意味で）ルーマンは理論による哲学の止揚を目論んだのだ。ヘーゲルにとって哲学の営みは、偶有性を必然性へと変容させることにある。ルーマン理論がめざすのは、必然性を偶有性へと変容させることだ。

第五章「プラトンへの最後の脚注」では、理論へのルーマン的転換という偉業のうちで、もっとも明白であるにもかかわらず、まったく見逃されている（と私が考える）ことについて、その輪郭を描こう。それは、伝統的な西洋哲学における中核的な問題、すなわち心身二元論の解決である。デカルト以降、彼への否定的反応において、この強固な二元論を扱う試みは、大体において、身体を解放するといった方法で精神と身体を調停しようとするものだった。心－身を語るときのこの偏見のせいで、「既存の枠組みに囚われずに」考えることも、この二元論に対してさらにラディカルな選択肢を展開することもできなくなった。ルーマンが説得的に示すのは、知性的なものと物的なもののほかに、少なくとももう一つの次元、コミュニケーションという次元があるということだ。この第三の次元によって、ルーマンは、伝統的な実体の二元論をさまざまなシステム領域間における構造的カップリング*の機能理論に置き換えることができたのである。

第六章では、ルーマンの社会理論への（ハバーマスの造語を使うなら）「メタ生物学的」なアプローチについて論じる。それによって、ルーマンは近代の主流の社会思想・政治思想と再び袂を分

＊二つのシステム間の相互依存性を表わす用語。二つのシステムはそれぞれオートポイエーシス的であり操作的に閉じているが、それでも相互に繋がっていることを説明するためにルーマンが編み出した重要な概念。

かつことになる。啓蒙時代およびそれ以後の哲学は、市民社会とそれを構成するとみなされていた個人を、自律的な行為体として見るようになった。自由意志、合理性、責任によって、人間は社会を形成し「自ら招いた未成年状態」から脱することができる。こうして人間は自らを創造するものとなる。人間は、自らの運命と自らが生きる社会の究極の支配者である。しかし進化論的にみれば、そんな自己統御や自己支配など幻想にすぎない。システム論的にみれば、社会的世界は自然と同様、いかなる知的な設計者も自律的な統治者も入りこむ余地のない、またその必要もない、多くの複雑なシステム－環境関係から成り立っている。

第七章「ポストモダン的現実主義としての構成主義」では、「ラディカル構成主義者」としてのルーマンの自己アイデンティティについて論じる。私が指摘したいのは、構成主義と現実主義は本質的に矛盾するものではない――とくにルーマンの場合には――ということだ。ルーマンの構成主義は認識上の構成主義である、つまり、認識論的なものである。認識上の構成とは、現実が出現するための「可能性の条件」である。つまりそれは存在しないものから存在するものを区別し、それによって、現実的なものを現実化するのである。このようにして、認識上の構成はドイツ観念論を根源的に刷新し、存在論と認識論の関係を逆転させた。ルーマンにとって、現実は経験のアプリオリな条件ではない。そうではなく、彼はこう主張する、認識の機能は「オートポイエーシス的に」自らを生みだし、それによって――さまざまな仕方で――現実を構成することができるのだ、と。現実は、認識の自己生成・自己構成の効果として、同一性ではなく差異の上に成り立つ、そしてこれが現実を、まさに現実的にするのである。

第八章では、ルーマンが民主主義《デモクラシー》をどのように理解しているのかを分析し、より具体的に社会統御の限界を精査する。ルーマンは、民主的参加というものに疑問をもっていた。彼によれば、人民による支配という民主主義の考え方は、ユートピア的な夢物語にすぎない。それは現代社会の政治の機能を十分に意味あるものとして描くことはできない。社会はいかにして民主的なものへと変わりうるのか、そして最終的に人々はいかにして自らを支配するようになるのかを考察するのではなく、ルーマンが提唱するのは、象徴的な物語としての民主主義——それによって政治システムは正統性を調達することができる——という機能主義的な考え方である。逆説的だが、社会をより民主的にしようとする試みは、実際は、民主的な政治を危機に陥らせることになるかもしれないのだ。ルーマンの政治的ラディカリズムは、したがってイデオロギー的なものではなく、反イデオロギー的なものである。

最後に——おそらく不適切な問いかもしれないが——、ルーマンのラディカリズムは結局私たちをどこに連れていくのか、あるいは、ルーマン的な社会への態度は、いや生への態度とはどのようなものなのか、という問いに答えよう。この態度は、謙虚さ、アイロニー、平静さの陶冶として規定されうる、と私は考えている。

補遺では、ルーマンの生涯とその理論をざっと概観することになる。

アン・R．ギボン、アンドリュー・ホワイトヘッド、ジェイソン・ドックスティダーには私の英文の誤りを訂正し、多くの修正点・改善点を指摘していただき、たいへん感謝している。ブルース・クラーク、マイケル・キング、エレーナ・エスポジトには、本書の草稿に目を通していただき、丁寧なコメントおよび批判をいただくなど、多くを負っている。コロンビア大学出版局のウエンディ・ロックナーには、この「ラディカル」な企画を引き受けていただき感謝している。またアイルランドのコーク大学、芸術学部、ケルト研究所、社会科学部には、本書の刊行のためにご尽力をいただき感謝している。

I 序論

第一章　トロイの木馬――ルーマンの隠された（とはいえそれほど隠されてはいない）ラディカリズム

もしルーマンの社会理論が、私の考えどおり、現在手にできるもっとも優れた現代社会の記述・分析であるなら、ただこう問えばよい。一般人、専門家を問わず、大半の人々が、このことに気づいていないようにみえるのはなぜなのか、またルーマンの名声が、ホッブズやマルクス、フーコーやハバーマスにはるかに及ばず、またあまり知られてさえいないのはなぜなのか、と。[1]

ルーマンが彼らに比べて、とりわけ北アメリカで無名である第一の、もっとも直接的な理由は、次章で私が述べること、つまりときに「眠くなるような」その文体にあるといってよい。[2] 北アメリカの読者のなかにルーマンの文章をいささか不快に思う人がいるのは偶然のなせるわざだが――なぜなら、ルーマンは結局ドイツ語でドイツ語を解する読者に向けて書いているのだから――、一方で彼は、母国ではその難解な文章がある利点をもたらすことに当然気づいていた。このような文体は、彼もまたその一翼を担っていた現代社会学の言説によく適合していたのである。故郷で、ルーマンはドイツ大学人の共通言語を完璧に自分のものにすることによって、彼を理解しない人々の尊敬を勝ちとる一方、同僚たちに警戒心を抱かせることもなかった。こうして彼は、もしそうでなければ、六八年以後のドイツの学界から徹底的に排斥される恐れなしにはけっして言えるはずのなかった多くのことを実際に言うことができたのだ、と私は思う。ルーマンの理論には、実に多くのラディカリズムが含まれているので、総じて控え目で近づきがたい言葉、すなわち無骨なトロイの木馬のなかに、それを隠しておく必要があったのだ。アメリカの「自由主義陣営の権威たち」はルーマンを退けるか、端的に無視すればよかった——ルーマンは特にそのことを気にしなかった、なんといっても彼はドイツの大学の教授だったのだから。しかし、（ナチスの悲劇以降）イデオロギー的にあまりに用心深くなりすぎている身近な学界に対しては、自分がそれほどあからさまに衝撃を与えることはない、と請け合う必要があった。ゆえに、彼はその難解な文体を意識的に洗練させていったのではないだろうか。私が思うに、それは彼の理論に潜在するいくぶん刺激的な部分を、（ニーチェ的な意味で）あまりに弱くてそれを直視することのできない人々の目から隠すためだったのだ。

本書の第一の目的は、ルーマン理論のこうしたラディカルな側面を前面に押し出すことにある。私が知る限り、ルーマンはこれから私が述べようとしている問題をうまく隠していた。彼の理論の受容は、だいたいその仕事のあまり刺激的でない部分に集中している。彼は保守的な論客というレッテルを貼られてきたが、ラディカルだと言われることはほとんどなかった。本書は、ルーマンがラディカルであることを正当に評価する試みである。

実に興味深いことだが、ルーマンのラディカリズムは、それほど十分に隠されているわけではない。実際このラディカリズムにひとたび気づけば、誰でも彼の仕事のいたるところに、それへの明らかな言及をみいだすことができる。ルーマン自身、ラディカルという言葉を、自分の立場を特徴づけるためによく使っているくらいだ。こうした言及は、たいていその込み入った無味乾燥な文体のなかに隠されているのだが、それにもかかわらず、目を向けさえすれば、むしろ異彩を放っていて目立つのだ。

最晩年のインタヴューで、ルーマンは次のように言っている。「徹底的に構成された概念的な社会理論が、視野の狭い批判——たとえば資本主義への批判——がかつて思い描いたよりも、結果において、はるかにラディカルで不安を煽るものであることは、私にはいつも明らかなことだった[3]」。これは驚くべき宣言である。ルーマンは、そのラディカルな意図を隠さず公言しているだけではなく、自らの理論を、あのマルクス主義よりも「ずっとラディカルで不安を煽るもの」、つまりより革命的なものにするつもりだった、とはっきり言っているのだ。いわゆる保守派論客とよばれる人の、このいささか驚くべき告白は、同じ本に載っている別のインタヴューのなかにも繰り返しみられる。そう、ルーマンは、自分の理論に「トロイの木馬の政治的効果[4]」をみているのだ。このイメージは、ルーマンのラディカリズムにみられる秘密主義的な意図と破壊的（かつ建設的）な意図をともに示している。ルーマンは、社会理論それ自体について優勢な自己記述（self-description）だけではなく、社会全体について優勢な自己記述を破壊し、それに置き換わりうるような内容を文章に包み隠し、その社会理論へ密輸入しようとしたのだ。彼はそのことを率直に認めている。これは実に激烈な主張である。そしてこれこそ以下の叙述において私が明らかにしようとするものにほかならない。

Ⅱ「哲学から理論へ」では、ルーマンがどのようにして伝統的な古いヨーロッパの理論的遺産からラディカルに離脱することになったのか、その道程をいくつかたどってみる。ルーマンのこの離脱は、さまざまな点できわめてラディカルであるので、彼がめざしたもの、つまり超理論に対して、「哲学」という名称は相応しくなかった。ルーマンにとって、哲学は、ヘーゲル以後の時代に、現代社会の説得力ある自己記述とみなされるものを言い表わすことができなくなっていた。ルーマンにとって、哲学の概念も基本的術語も、そしてその根底にある問いでさえ、総じて古臭いものになってしまったのだ。彼は哲学の営み全体を何か新しいものへ、すなわちラディカルな理論へと止揚したかったのである。(5)

ルーマンのもっとも挑発的な自己措定のひとつ、それが「ラディカルな反《アンチ》ヒューマニスト」である。もちろんこれは、悪魔のような非人間的価値や方法、政治的な企てに対する共感ではなく、社会や世界全体の記述を根底から「脱-人間学化」する試みを示すものだ。これだけでもすでにルーマンは、徹頭徹尾人間主義的であった西洋哲学の伝統とほとんど断絶しているといってよい。ハイデガーのような近代の哲学者にとってさえ、人間は依然として存在を気遣うものだとみなされていた。またきわめてテクニカルな分析哲学や精神哲学でさえ、基本的には人間の言語や意識の分析に未だ関わっている。プラトンから二十世紀にいたるまで、西洋哲学の揺るぎないドグマだったこの人間中心主義に沿うかたちで、哲学はいつだって倫理的にものごとを熟考し、倫理的に意見を表明してきた。世界は、知りうるとみなされたものについてだけではなく、行ないうると心に描かれたものについても、人間中心主義的に考察されたのである。したがって、人間中心主義の哲学は一般的に、個人としても集団としても、いかに行動すべきかについての見解を伴う。ルーマンの「ラディカルな反ヒューマニズム」は、非人間中心主義的に現実を記述しなおすだけではなく、人間の行為主体まで否定する。哲学に対峙する理論は、もはや行ないうるものの概略を描こうとするのではなく、「行ないうるということ」「行為」という概念そのものがなぜ問題含みのものとなったのかを説明しようとする。ラディカルに反ヒューマニズム的な理論は、天文学、生物学、心理学において廃棄された人間中心主義が、なぜ社会理論においていま廃棄されねばならないのかを明らかにするものだ。ひとたびこの廃棄がなされれば、ヒューマニズム的であるような伝統的哲学的な探求の余地など、たいして残らない。

ルーマン理論と伝統的哲学の間の亀裂は、彼とヘーゲル——哲学史上最後の偉大な体系の思想家の一人——との比較によって浮き彫りになる。ルーマンはおそらくヘーゲルのような書き手と、実に多くの野心を共有している。とはいえ、ルーマン理論にはそれ自体の限界についてのアイロニカルな考察が含まれる。体系の哲学は、伝統的に、本当の真理、つまり単なるドグマではない真理を確立することに関わってきた。真であると描かれたものは、そうであると証明されねばならなかった。たとえば、デカルトにとってすべてのものは、真理にではなく真なるものの確実性に依拠している。ヘーゲルの著作では、デカルト的な確実性の概念は、真理であれ現実であれ、その必然性の考察にとって換わった。このように体系的な哲学はたいてい、その命題や結論を体系それ自体より基底的な何ものかに繋ぎとめておくような、ある種の内的メカニズムを含んでいた。これが一般に「基礎づけ主義」とよばれるものである。しかし、哲学から理論へというルーマンの転換は、そうした基礎づけの戦略を非難しようとするものだった。体系的な理論は、伝統的で体系的な哲学とはまったく異なり、反基礎づけ主義的であり、その必然性を証明しようとするのではなく、それ自体の偶有性を説明しようとする。このように、「真面目な」哲学とは違って、理論は自らにもアイロニカルな態度を向けるのである。つまり、理論はある種のミュンヒハウゼン的な効果——自らの髪の毛によって自分自身をぬかるみから引き上げることができるという錯覚——を認める。

ルーマン理論のラディカルな側面としてもう一つ挙げられるのが、古代の心身問題、いわゆるゴルディオスの結び目に対するアレキサンダー大王の解決*である。ルーマンは、プラトン以後、キリスト教以後、デカルト以後の、身体的なものと精神的なものの結合に対するノスタルジーの結果と

---

*ゴルディオスの結び目とは、小アジア中西部にあった古代の国フリギュアの王ゴルディオスが、ゼウスの神殿に奉納した車の轅に結んだ綱の結び目のこと。誰にもほどくことができなかったが、アレキサンダー大王は結び目自体を剣で断ち切ることで、これをほどいたといわれる。この故事から、誰にも解けない難問を誰も予想しなかった方法で解くことを表わす。

してこの二つの概念を結びつけようとするより、むしろなぜこの伝統的な二元論が十分に多元的ではなかったのかを説明する。彼がみいだしたのは、現実のもう一つ別の次元——つまりコミュニケーション——が、心身二元論によって見えなくされてきた、ということだ。こうしてルーマンは、デカルト的亀裂を修復しようとする哲学的な潮流にのるのではなく、少なくとももう一つの差異を付け加える。興味深いことに、二元論から三元論、多元論へのこの切り替えは、精神／身体間のつながりに関する伝統的な機械論——それによって両者は互いに影響しあうものとなる——の問題にも一つの解決を与えることになった。ルーマンの操作的閉鎖システムの理論は、同時に、重要で複雑なシステムについての第二次サイバネティクス理論でもある。そうしたシステムは、システム－環境関係に在ることで、相互の共振、攪乱、刺激に対して開かれている。ルーマンが——身体システムと精神システムの操作的閉鎖性を含む——システムの「操作的閉鎖性」を強調していることから、この閉鎖性こそシステムが相互に影響しあう開放性の条件となっているという事実は、しばしば無視されてきた。言い換えれば、操作的閉鎖性は、認識上の開放性をもたらすのだ。ルーマンはきわめて明瞭にこう言う、「自己言及的に閉じたシステムという概念は、システムの環境への開放性と矛盾しない」(6)と。

　システム相互の開放性は、システムの環境への開放性を規定する。なぜなら、あるシステムの環境には他のシステムが含まれているからだ。したがって、ルーマンの理論は、ラディカルなエコロジー主義でもある。システム理論は、システム－環境理論であり、ゆえにエコロジー理論である。

ダーウィン的伝統の下では、またそれにつづくダーウィン以後の進化論を代表する生物学者であるマトゥラーナとヴァレラにおいても、エコシステムの理論は同時に進化の理論でもある。エコロジー的進化論を生物学から社会学へ移行させることで、ルーマンは、世俗化されたかたちではあるが、いまもなお主流の社会観を支配している伝統的な創造論者たちの考え方を問題にしたのだ。ほとんどの自然科学者はもはや進化論的エコロジーを恥ずべきものだとは思っていない。とはいえそれは、社会科学のかなり人間中心主義的な領域や「人文科学」に適用されると、時として非常に挑発的なものになる。ルーマンの社会に対するラディカルなエコロジー的アプローチは、社会発展や歴史を操る可能性を最小化する。種は生物学的にその未来を統御することができない、いやその未来を適切に見積もることすらできない。それは種がシステムとその環境間で同時に進行する高度に複雑な共進化の過程に本質的にまきこまれているからだ。それと同じように、社会システム（とくに人間という行為体）は社会の発展を統御することができない、とルーマンは考えている。ルーマンのエコロジー的進化論が意味するのは、エコシステムが中心をもたないように、社会もまた中心をもたないということだ。ゆえに社会には、神や聖なるものによる創造論的な介入を受け入れる余地はまったくなかったし、今後も一切ないのである。

エコロジー的進化論は、創造論者の考え方とはまったく異なり、間違いなく――ルーマンが自らそう称した――ラディカル構成主義へといたる。生物学的な進化が生の構成主義的自己生成であるように、社会はコミュニケーションによる社会的現実構成の効果である。構成主義と相対主義は、ゆえに、対立するものではない。逆に、ルーマンの社会システム理論がそうであるように、両者はお互いをその内に含みもっているのである。社会的現実は偶有的でオートポイエーシス的な、あるいは自己生成的なプロセスの効果である。しかしこのことがその現実の拡がりを狭めてしまうことはない。伝統的な社会理論家なら、正義や自由、人間の尊厳といった社会的価値は「単なる」社会的構築物であるという宣言が、どういうわけかそうしたものの存在論的な価値を切り下げてしまう、と言うかもしれない。しかしルーマンにとって、構成主義は、社会構築論も含めて、単なる認識論ではなく存在論でもある。つまりそれは認識がどのように働くかを説明するだけではなく、現実がどのようにして生成されるかをも説明する。したがって、ラディカル構成主義の立場からは、社会的構築物の現実は、いわゆる超越的錯覚あるいは超越論的錯覚から成る想定された現実よりも強固なものであるとさえいえるだろう。このように、ルーマンのラディカル構成主義には、偶有的で多元的なものが完全に現実的《リアル》であり、また存在論的に何ら不完全ではない、ということを承認し肯定するポストモダンの存在論が含まれているのである。

こうして、ルーマン理論のなかで私がもっともラディカルで論争的だと考える側面について概略を述べたあと、ルーマン理論の基本的な主張から生じる挑発的な「脱構築」について、より具体的な議論を行なう。私が着目するのは、現代の中心的な――別のポストモダン的な言葉を使えば――「物語《ナラティヴ》」、つまり民主主義の言説をルーマンがどのように分析しているか、ということだ。民主主義の言説は、一般的には、単なる言説以上のものだと未だ信じられている。それは、私たちの社会の基盤と規範的な願望についての実質的な記述だと考えられている。ルーマンは、現代的「市民宗教」のまさに核心に位置するこの考えに敢然と挑んでいる。社会は、政治的にも社会的にも、いかなる意味においても民主的であるわけではなく、民主主義のユートピア的なレトリックを、一連の意味論的な目晦ましとして活用しているだけだ。そのおかげで、社会は、それが円滑に――つまり潜在的に刺激的な選択肢を観察する必要もなく――為すことを何でも為すことができるのだ、少なくとも社会システム理論というトロイの木馬が到着するまでは。

第二章　彼がこれほどの悪文を書いた理由

アマゾン・コムに、私の本『ルーマン概説』（*Luhman Explained*）の読者が次のような一文を寄せている。「ニクラス・ルーマンはタルコット・パーソンズの弟子であるが、彼がパーソンズから学んだのは、ありえないくらい曖昧で複雑な散文の書き方だけだったようだ。ルーマンを読むと極端に眠くなることはわかっていた。だからこの本は、すがすがしいまでに明晰で透徹したものであって欲しいと思っていた。たぶん私は、目を覚ましてさえいれば、ルーマンから多くを学ぶことができると思っていたのだ。だが残念ながら、そんなことはないらしい」。このレヴューは最後に、ある実践的な提言をしている、「十代の息子が言うことをきかなくても、外出禁止にすることはない。ニクラス・ルーマンの理論についてレポートでも書かせればいいのだ[1]」と。

私はこの読者の見解に同感する。ルーマンのテキストを二〇年にわたって読んでいるが、その理論の魅力を十分にわかっている私でも、なぜその理論を考え出した張本人が、それを無理なく楽しめるように工夫して書かなかったのか、とますます自問するようになった。ルーマンも、とくに晩年の著作では、アイロニーとユーモアを使って、もしそれがなければ極端に無味乾燥で無駄に複雑、構成が甘く反復も多い、そしてあまりに冗長でまったくおもしろくないテキストに割って入ることもあった。そうしたアイロニーやユーモアは確かに爽快だ。しかし彼の大半の著作や論文を、総じて「極端に眠くなる」読み物であることから救済するに十分なものではない。私も、ルーマンを読んでいて眠り込んでしまったことがある、と認めるに吝かではない。

ルーマンがなぜそれほどの悪文家だったのか——少なくともその理論が素晴らしい割には、と私は思う——、いくつかその理由を挙げることができる。ただこうした理由は、説明であって言い訳ではない、ということを強調しておきたい。

ルーマンの悪文に固有の理由は、彼の著作が実際に生み出されるその特殊なやり方にある。ルーマンが刊行した全作品は厖大である。著作数が桁外れに多いだけではない。たいていの本はとても長くて、五百頁は優に超える。ルーマンの多作はきわめて組織化されている。彼は執筆に多くの時間を割いているだけではなく[2]、その生涯を通じて作り上げた巨大なカードボックスを使って、一種の論文生産方法を開発した。彼は、思いついたこと、考えたこと、引用や読んだ文献への言及などを、短く書きとめておいた。そしてこうした覚書を、自ら開発し番号を付した——一つの覚書から他の覚書への「関連づけ」を含む——序列化の方法に従って配列した。彼はこうして、その覚書を使って自分なりの方法をさまざまな仕方で探ることができた。彼は、実際に著作を書くよりも、このカードボックスを組織化し作り上げることに時間を費やしている。著作や論文は、ただこのボックスから引き出されるだけでよかったのだ。ルーマンは言っている、「私はまず何を書こうか考える、そして次に使えそうなものをカードボックスから取りだすのだ[3]」と。

　こうした執筆方法の結果、ルーマンは自ら認めているように、明快な語り口を編み出すことができなかった。彼は「カードボックスのなかで私は、どの番号からどの番号へも移っていくことができる。つまりこのシステムは線形的なものではなく、クモの巣状のもので、どこからでも始められるのだ」と言っている。そして、こう付け加える、「こうした手法のせいで、私はけっして線形的にものを考えることがないし、また——どの章が他の本のどこに何度現われてもおかしくないので——執筆のさい秩序正しい章のつながりをみいだすのに苦労するのだと思う[4]」と。

　ルーマンの文章は、この非線形性ゆえに、読者にとって読みやすいものではない。一方で、その著作のいたるところに、同じ文章が何度も現われる。特定のテーマを論じた短い論考にさえ、初心者にはとうてい理解できないルーマンの一般理論についての叙述がきまって含まれている。ルーマンはそのほとんどの著作で、自分の理論枠組みについての情報を長々と繰り返しつつ、読者に特定の問題についての新しい見解を呈示するのだ。ルーマンが、自分の本はだいたいどこからでも読み始められると言うのは確かに正しいが、それはまた実際には、どこからも読み始めることができない、ということでもある[5]。彼の本には、始まりもないし緩やかな導入もない——そして理論的企図全体に関してはなおさらそうなのだ。ルーマンを読むと、だから最初は苛々する。読者は、ほとんど知りもしない説明もされない術語に、そして着想や見解や主題がいささか無秩序に移り行くさまに直面するのだから。よほど慣れないと、ルーマンがどのようにその特有の理論的術語(その一部は多くのきわめて多様な分野から借用しているので、最初は一貫性がないようにみえる)を使っているのか理解することはできない。そしてこの術語法を一通り理解した後でさえ、結局この最初の苛々が、次の苛々にとってかわるだけなのだ、つまりルーマンの得てしてあまりに長すぎる著作にみられる、あの退屈な反復と中断に対する苛々に。

ルーマンの文体を近づきがたいものにしている第二の要因、それは彼が引き継ごうと決めていた知的遺産ともよべるものにある。ルーマンははっきりと「超理論」(supertheory)[6]の構築をめざしていた。ゆえに彼は十八−十九世紀のドイツ観念論の巨大理論体系、とくにその主たる代表者であるカントやヘーゲルの野望と積極的に繋がろうとした。著書のなかでこの二人の哲学者が頻繁に引用されるだけではない。ルーマンは、新しい学問体系を打ち立てようとしたという点において、明らかにこの二人の後を継いでいるのだ。新しい学問体系は、それ自体新しい理論的概念の術語法であるから、基本的にどんなことの分析にも適用できるように、十分にテクニカルで抽象的でなければならなかった。つまり一方でこのことは、新語あるいは通常の意味範囲を超えて使用される重要な表現や言葉という意味で、特異な語彙の創造を意味していた。だが他方そのことが、先に挙げたアマゾン・コムの読者レヴューで批判されているような曖昧さ、つまりその核心的な術語法に対する具体的定義の欠落を生むことにもなったのだ。

私の大学で前期中にヘーゲルを講じている講師の一人は、ヘーゲル用語の難解さについて学生が漏らす不満に、何度も対応しなくてはならなかった。学生は、こうした言葉の意味をどうやって心に思い描けばよいのかわからない、またヘーゲルが概念的な方法で書くとき具体的に何を思い浮かべていたのかわからない、とよく言っていた。その講師は、ヘーゲルはそもそも読者にいかなる具体的な心的表象も抱かせないようにしていたのだ、と説明していたものだ。概念や観念は、純粋に概念的であるようにできている――つまり、3という数が出てきたときに、たとえば3本の指や3個のりんごをもはや思い浮かべることなく、具体的なイメージに頼らずに3という概念それ自体を理解したとき、人は数学的にものを考え始めている、ということである。ルーマンは観念論者ではないが、その超理論の術語法は、必要に迫られて具体的な定義を免れることがある。「区別」や「観察」といった用語は、まったく形式的なものである。それらは、ほとんど無制限に具体的（社会的）な現象の分析に適用することができるが、具体的に定義することはできない――ただ形式的に定義できるのみである（そしてこのことは形式的な術語法そのものにもひとしく当てはまる）。

ルーマンは、ヘーゲルやカントのような哲学者から、概念的な語彙の形式性だけではなく、その途方もない研究方法も受け継いだ。こうした思想家たちにとって、学問的超理論は「超大型」でなければならなかった。彼らの誰一人として、簡潔さを美徳などとは考えていなかった。その時代の哲学という学問体系は、本格的なものだと思われるために、巨大なものでなければならなかった。『精神の現象学』や『純粋理性批判』のような試みは、きわめて包括的なので、それ自体数百頁の分量にならざるをえない。もっと短く、もっと「広く読まれるような」論文（カントの『プロレゴーメナ』がおそらくそうしたものだろう）を書くこともできたが、体系それ自体は、その薄い本全体に刻みつけられていなければならなかった。ルーマンは自分自身を、カントやヘーゲルのような「超理論家」（社会理論でいえばマルクスやヴェーバー）の遺産を継ぐものだとみなしていたので、図書館で一目見て彼らの著作とまったく同じように堂々と見えるような作品群を生みだしたいという野望をもっていた、と私は思う。

もちろん、量的なものだけではなく、その難解さもまた、伝統的超理論体系の重厚さを生みだしていた。学問*（自然科学、社会科学、人文科学を含むすべての学問領域を包括するドイツ語Wissenshaft《ヴィッセンシャフト》の意味で）は、秘儀的なものでなければならなかった。けっして「わかりやすい」ものであってはならなかった。ここでまたドイツの哲学界から一つ逸話を引いて説明しよう。私の友人の一人、かつてドイツ哲学の教授であったギュンター・ウォルファルトは、一九六〇年代の後半から七〇年代初頭に、アドルノとハバーマスのもとで博士号を取得した。ギュンターは以前ある客

＊原著（英語）では、ヘーゲルやルーマンのWissenshaftをすべてscienceと表記している。しかし著者も述べているように、ドイツ語のWissenshaftはあらゆる学問領域を包括する幅広い意味をもつので、英語のscienceよりさらに狭い意味しかもたない科学という日本語をWissenschaft, scienceの訳語として用いるのは不適切である。したがって訳出にさいしては、すでに定着しているルーマンの翻訳書のタイトル（『社会の科学』など）や、明らかに科学をさす場合をのぞいて、すべて「学問」あるいは「学」と訳した。

員講師の研究報告会を欠席し、あとで出席していた別の研究者に、「どうだった?」と聞いた。するとその研究者はここぞとばかり、しかも大真面目にこう答えた、「退屈だった、ひと言も理解できなかった!」と。哲学的、学問的、理論的著作の卓越性は、ドイツの学問/教育システムの内部では、他にさまざまある指標のなかでも、まずその近づきがたさによって評価される。一冊の哲学や理論の本を理解するのに費やした時間と知的努力が、その本自体の質の効果だとみなされる。ある本を理解するのが難しければ難しいほど、その著者は洞察力に溢れているとみなされるのだ。

ルーマンはおそらくドイツ(またヨーロッパ大陸全体)と北アメリカでは、学術的な、とくに哲学的・理論的な文献に対する態度に違いがあるということに気づいていた。そう思うのは、彼がいささか申し訳なさそうに、しかし間違いなく自信たっぷりに、そしておそらく少し自惚れた感じで、『社会システム理論』(米国スタンフォード大学出版局)の英語訳序文を次のような言葉で始めているからだ。「これは平易な本ではない。早く簡単に読めるものが好きなのに、システム理論をちょっとかじってから死にたいと思っている人のためのものではない」[7]。北アメリカでは、ものを書く人や学問を講じる人は普通、大学人も含めて、読者や聴衆に自分をわかってもらおうとするものだと思われている。わかってもらってこその評価だと考えられている。しかしドイツでは、少なくともカントやヘーゲルの時代以降、学術書の読者たちが評価するのは、大衆的な要求に応えるいかなる試みもせずに自分の能力を呈示する教授の断固とした知的厳格さだと思われているのである。事実、学術的な環境では、話し手も書き手も、聴衆や読者へ語りかけた者の価値を聴衆や読者自身が証明してくれるように要求しているのかもしれない、ちょうどルーマンが『社会システム理論』の序文でそうしているように。

ルーマンの文体が魅力に欠け、――また私の目からみれば――かなりぎこちないものである第三の理由は、第二の理由、つまり彼もその一角を成しているドイツの大学人の言説や知的遺産と密接に関係している。言い換えれば、ルーマン（というよりむしろその著作）は、その時代のドイツの大学エリートたちとあまりに密接に関連づけられたことで損をしていた。他の優れた哲学者や理論家たちは、ドイツの大学人の言語から、幸運にもかなり距離をとることができた。そのため長い間そうした言語にとりついていた悪文という病の影響を（受けたとしても）ごく僅かにとどめることができたのである。マルクス、ニーチェ、ウィトゲンシュタインなどがそうだったと私は思う。ルーマンはそうした人々とは違って、論敵のユルゲン・ハバーマスのような人々に匹敵する、学問的虚飾に満ちた退屈な書き手たちに囲まれて文章を書いていたのだ。

一九六〇年代後半に広い範囲で起きた文化革命は、ドイツではきわめて特殊なかたちをとった。それは高度に理論的な出来事だった。たとえばもっと実践的な課題が問題となっていた合衆国（市民権運動、兵役逃れなど）やイタリア（労働者のストライキ）よりも、はるかにそうだったと私は思う。ドイツの文化革命は主として学問上のものだった。左翼の大学の革命家たちが使っていた言語は、彼らが敵対し変革しようとしていた伝統的なエリートたちが使っていた言語とまったく同じように醜悪で、エリート主義的なものだった。ドイツの大学の「進歩的な」書き手たちは、けっして前衛的なスタイルでは書かなかった。ルーマンと、ハバーマスのような左翼の社会思想家の間には、非常に大きなイデオロギー的、理論的亀裂があったにもかかわらず、二人の間で実際に「対話」が可能だったのは、（アドルノの有名な表現を借りるなら）専門用語《ジャーゴン》を共有していたからだといえるだろう。この専門用語《ジャーゴン》は、ドイツの学問世界を——私の知る限り現在まで——一つにしてきたのであり、また同時に、学問以外の世界から孤立させてきたのである。ルーマンがなんとかそこから逃れることができていたらよかったのに、だが「残念ながら、そんなことはないらしい」。

Ⅱ　哲学から理論へ

第四の侮辱──ヒューマニズムの拒絶

晩年の最高傑作『社会の社会』(*Die Gesellschaft der Gesellschaft*)の第一章で、ルーマンは率直に、だがきわめて理路整然かつ断固たる調子でこう宣言している、「私の理論は、社会についての考え方を、ラディカルに反人間主義的なもの、ラディカルに反地域主義的なもの、ラディカルに構成主義的なものへ移行させる試みだと理解されねばならない」と。彼は、「社会は具体的な人間および人間同士の関係から成っている(1)」という共通の前提をにべもなく否定する。ルーマンが、その反ヒューマニズム的な意図、つまりラディカリズムを隠さずこんなにはっきりと宣言することは、少なくとも初期の著作においてはきわめて珍しいことだ。最後の重要な仕事で──おそらく重篤な病にすでに気づいていて、これが自分の理論を全体的に概観する最後の機会になると思っていたに違いない──、ルーマンは少なくともこのさい、トレードマークであるわかりにくさ、隠されたアイロニーや嫌みから離れて、誤解されないくらいには率直に、自分の立ち位置を呈示したかったのだろう。

ルーマンは、この反ヒューマニズムゆえに、主流の政治思想の常識と真っ向から対立することになり、ルーマン流の社会システム理論を、とくに北アメリカで「普及」させるまでにはなかなかいたらなかったのである。他のどの地域よりも、北アメリカにおける言説は、学術的なもの政治的なものを問わず――そしてマスメディアの公的な言説でさえ――、依然として十八世紀の「旧ヨーロッパ的」啓蒙主義の伝統における意味論《ゼマンティク》に強く依存していた。アメリカ革命はまだ本当には終わっていないのではないか、と思うことがある。イタリアの社会学者ダニーロ・ゾロも同じような見方をしている。ゾロは現代民主主義の「現実主義的」な理論を提唱し、ジョン・ロールズのような多くの英国系アメリカ人の書き手たちが提示する「旧ヨーロッパ的伝統における古典的民主主義の倫理的・政治的処方箋の「実りなき」(そして避けがたく道徳主義的な)復活」からは明らかに距離をとっている。彼がきわめて的確に述べていることだが、そうした処方箋は結局実質的には、ヨーロッパ的原資本主義のピューリタン的個人主義――その政治的理想は十八世紀の金物屋の知的地平から一歩も出ないと言われてきた――を思い起こさせるだけだ(2)。

ゾロの論点は、おそらくもっとも頻繁に引用されるアメリカ革命思想の代表的な一節、つまり独立宣言の有名な言葉を検討するだけで、うまく説明できると私は思う。「私たちは次の諸事実を自明なものとみなす。すべての人間は平等につくられ、創造主によって、固有の侵すべからざる権利を与えられている。そこには生存、自由そして幸福の追求が含まれる。これらの権利を確実なものとするために、人々の間に政府という機関がつくられ、その正当な権力は被統治者の同意に由来する」[3]。こうした言葉は、啓蒙思想の楽観的な政治的ヒューマニズムを理路整然と表わしたものだ。それによって、神の創造という仮定のもと、「ヨーロッパ的原資本主義のピューリタン的個人主義」という社会・文化的文脈において自明であるとみなされていた特定の権利や資質や目的が、おおよそ人間というものに起因することになり、人間が社会的・政治的課題の中心に位置づけられたのである。このような半神半人の権利や資質や目的は、公的にも私的にも、合衆国でも西ヨーロッパ全般でも、依然として広く崇められている。そして、完全には現実のものとはなっていないので、どんな文明社会にも浸透するもっとも重要な理想のうちに未だ含まれる、と信じられているのだ。しかしルーマン的視点からみれば、独立宣言からの引用のなかに、現在の社会（そして私が思うには、とりわけ北アメリカの社会）が実際どのように機能しているのかを説明するにあたって、理論的に価値があるものなど一切ない。

「軽いルーマン」*を提示すること、彼を——ヒューマニズム自体の範囲を超えていながら、何とかヒューマニスト的価値らしきものを保持しようとする——「弱いポスト・ヒューマニズム」の代表者として理解することには意味がない、と私は思う。彼は自らにそれとは違うレッテルを貼り、ラディカルな反ヒューマニストを標榜しているのだ。このラディカリズムが多くの読者、とりわけ市民社会という概念にしがみついている北アメリカのような文化のなかにいる読者にとって、あまり心地よいものでないのは当然だろう。

ルーマンは、社会システム理論を——マクルーハンの言葉でいうなら——「人間の拡張」を扱う理論だとは思っていなかった。彼がめざしたのは、技術革命後に人間であることは何を意味するのかを新たに理解することではない。ルーマンは、社会がなんとか人間の限界を超えて拡張してきたとは考えていない。だからその限りにおいて（マクルーハンやその弟子たちとは違って）「強いポスト・ヒューマニスト」だとみなされうる。むしろ彼は、人間／主体中心主義的に社会を理解する価値には限界がきていると考えていた。ルーマンは技術の時代において人間であることがどのように変容したのかではなく、むしろ技術変革とともに社会がどのように変容したのかを論じようとしたのだ。彼が自らをラディカルな反ヒューマニストだとみなすのは、社会の人間主義的自己記述には最初から根本的な欠陥があると考えていたからだ。世界が人間的であったことなど一度もない、だから人間《ヒューマン》の世界から、人間以後《ポストヒューマン》の世界への移行などけっしてなかったのだ。

ルーマンによれば、私たちはポストモダンの世界に生きているのではない。近代《モダニティ》は、機能的分化の一段階として、依然として進行中である。近年の技術変革は、理論的にいえば、社会の外部にある。人間の身体や精神と同じように、技術《テクノロジー》は社会の一部ではなく、社会システムの環境に属している[5]。人間もコンピュータもコミュニケイトはしない、コミュニケーションだけがコミュニケイトするのである。だからといって、近年の技術発展が社会にもたらす（たとえば、キャサリン・ヘイルズやダナ・ハラウェイが見事に跡づけている）深刻な影響を否定するわけではない。ただそうした

＊ルーマンの理論を簡略化したもの。

影響は、厳密に社会に対する外的な影響として扱うべきだと言っているのだ。社会は、ルーマンによれば、けっして人間的ではなかった――「人間《ヒューマン・ビーイング》」という概念は、理論的にはつねに問題含みのものだったのであり、ヒューマニスト的な言葉の上に成り立っている社会学はつねに間違った方向へ導かれてきたのである。

ユルゲン・ハバーマスは、『近代の哲学的言説』において、ルーマンについて影響力のある重要な論稿を書いているが、そのなかでルーマンの理論を「メタ生物学的」だと言っている。ハバーマスは、この言葉を次のように定義している。「「形而上学*」という表現がたまたま生じたものであったとしても、それに、「私たちにとって」の物理的現われから発してその背後に何があるかを問う思考という意味を与えることができる。だとすれば、私たちは、「メタ生物学」という言葉を、「それ自体にとって」の有機的な生命から始め、それを超えていく思考に対して使ってもよいだろう。つまりそれは、きわめて複雑な環境に直面した自己‐関係的システムの自己‐維持という、サイバネティクス的に表現された基本的な現象である(6)」。

現代の社会システム理論は一般に、「それ自体にとっての」システム、自己生成的・自己生産的（つまりオートポイエーシス的な）実体と関わっている。これら実体は、環境の内部で、この環境から自らを差異化することによって自らを構成する。ハバーマスが正しく強調しているように、そうしたオートポイエーシス的システムの典型的な事例は（細胞や免疫システムなどの）生物学的システムである。「それ自体にとって」存在しているオートポイエーシス的システムは、そのシステムの自己-再生産を構成するさまざまな操作から成る。生物学的システムは、その内的な生物学的プロセスから成る。同じように、心的システム（たとえば精神）は、（思考や感情のような）内的な心理学的操作から成る。脳は生物学的システムであり、精神は心的システムである。脳波は、思考によってではなく、さらなる脳波によって存続していく。脳と心は、システム的には分離されている。両者はそれぞれの操作によって相互に影響しあうことはない。両者はそれぞれにとって環境である。同様に、コミュニケーションは、思考や脳波によって存続していくのではない。心も脳も喋らない。私たちは、経験的に区別されたこの三つのシステム領野を混同するような言語習慣を発達させてきたのである。[7]

もし脳がどのように働くかを理解したければ、思考や社会現象ではなく、生理学的・生物学的プロセスを記述する必要がある。思考や社会現象は環境要因としてこうしたプロセスに影響を与えているかもしれないが、操作的には区別される。同じように、もし心がどのように働くかを理解したければ、心理学的プロセスに目を向けなければならない。もし社会を記述したければ、コミュニケーション・プロセスに照準を合わせなければならない。人間の脳波は、脳であるよりはまず人間なのだと言ってみたところで、学問的には何の役にも立たない。もし学問的な正確さを期すなら、人

＊「形而上学」は metaphysics、つまり「メタ物理学」であり、ここでは「メタ生物学」と対比的に使われている。「メタ物理学」は、「私たちにとって」から出発するが、「メタ生物学」は、「それ自体（生物）にとって」から出発する。

間の脳波は、人間活動の現象ではなく、脳活動の現象だと言うしかない。同様に、感情は心的活動の現象であり、（たとえばこの著作物のような）コミュニケーションは、コミュニケーション的活動あるいは社会的活動の現象だと言うしかない。社会システム理論は、身体が生物学的システムの複雑な集合体であるように、社会をコミュニケーション・システムの複雑な集合体だとみなしている、その意味で「メタ生物学的」なのである。どちらの場合も、システムの自己に対する操作性に重点をおいている。人間が「脳を動かし」考えコミュニケーションをする、と言っても間違いではない、不正確なだけだ。こうした活動は、もっぱら人間的であるわけでも、また本質的に人間的であるわけでもない。

人間はコミュニケイトできない、ただコミュニケーション・システムのみがコミュニケイトできる、というルーマンの主張は有名だ（いや悪名が高い）。「私たちが社会とよぶコミュニケーション・システムの内部では、人間がコミュニケイトできると仮定することが慣例になっている。聡明な分析家でさえ、この慣例にだまされてきた。こうした叙述が間違いで、ただ慣例としてコミュニケーションの内部でのみ機能しているにすぎない、と理解することは比較的たやすい。そうした慣例は必要だ、なぜならコミュニケーションが必然的にその作用を向けるのは、コミュニケーションをつづけるように要求されている人々に対してだからだ。人間はコミュニケイトできない、脳でさえ、意識のある心でさえ、コミュニケイトできない。ただコミュニケーションだけがコミュニケイトできるのである」(8)。この叙述は、私の考えでは、「メタ生物学的に」ということを意味している。

つまりそれは、人間は脳波をつくることはできない、ただ脳だけが脳波をつくれるのだ、という叙述と似ている。それは人間の存在を否定しているわけではなく、人間は脳の機能を統御できないのと同じくらい、社会の機能を統御できないと言っているだけだ。言い換えれば、それは、より適切な用語法、したがってより良い社会機構の理論を可能にするために、社会学を脳生理学と同じくらい非人間的なもの（あるいは同じくらい人間的なもの）にしようとしているのだ。

私たちは人間として、生物学的な身体と精神的な心をもち人格としてコミュニケーションへと差し向けられている。しかし、この操作的に異なる三つの領野をうまく結び合わせることのできる、それとわかるような全身にかかわる装置など存在しない。社会は一つのシステムであり、そこでは――生物学的なメタファーを使えば――コミュニケーションをする有機的組織体が現われて、生物学的システムや心的システムと共生することで自らを維持することが可能になっている。機能的に分化した社会では、こうしたコミュニケーションをする有機的組織体は、それぞれ異なる社会的機能をもつシステムである。社会学は、このシステムがどのように機能するか、どのような構造を発展させるか、どのコードを使用するか、他のシステムとどのように対を成すか等々を観察・記述する。社会のなかでは、人間はあまりに重宝な伝統的概念、つまり依然として曖昧で紛らわしいコミュニケーションの道具にすぎない。学問において人間を生物学的に研究する人を生物学者とよび、ヒューマニストとはよばないのと同じく、私たちは社会を研究する人をヒューマニストというよりはやはり社会学者とみなしているのである。結局、ルーマンのラディカルな反ヒューマニズムは、このまったくありふれた学問的な自己‐規定の理論的確認以上のものではない。

ルーマンによって描かれたこうした社会学の「非人間主義化」（dis-humanization）の大要は、社会において支配的な人間主義的自己記述の分析に関していえば、広範囲にわたる影響をもたらす。ここで、ルーマンが人間主義的な社会理論から厳格に距離をとり、社会の営みに関する人間主義的な常識的理解の脱構築をめざしたことをかなり明瞭に示すその理論の一側面を手短に見ておこう。この側面とは、政治学についてのルーマンの考え方である。(9)

公的言説と社会理論双方において支配的な意味論では、人間は何らかのかたちで社会へと介入し、場合によっては操縦（steer）さえもする、ということが前提となっている。何といっても私たちには、この役割を果たすとされているある特定の社会システム、つまり政治システムがある。政府は、船長が船を操縦するように（「統治する」という動詞の古代ギリシア語の語源にまで遡れば）社会を操縦するものだとされている。ルーマンは、しかしこう述べる、「すべての操縦（steering）は社会の内側で起き、ゆえに社会のオートポイエーシスをつねに執行している（つまりコミュニケイトしている）とはいえ、全体システムの水準での社会の自己操縦は、その言葉の厳密な意味においては、存在しない」と。機能的分化と操作的閉鎖性という条件の下では、社会のなかにあって、社会を全体として操縦しうる制度、組織、システムは存在しない。システムは自らを操縦する、つまり厳密にいえば、政治システムは政治システムだけを操縦することができるのだ。他のシステムを「刺激したり」「攪乱したり」することはできるが、直接因果的な力を及ぼすことはできない。ルーマンは「操縦はつねにシステムの自己操縦である」[10]ときっぱり述べている。

特別なヒエラルキー的秩序をもたない複数の（自己操縦）システムから成る社会には、中心的な操縦主体《エージェンシー》は存在しない。カントからハバーマスにいたる、西欧啓蒙思想の伝統を受け継ぐ多くの「主流」理論家たちは、政治や政治制度は道具であり、それによって人民あるいは人間が社会を統御、操縦、嚮導しうる、と仮定してきた。この伝統はプラトンの『国家』まで遡ることができる。プラトンによれば、精神が身体を統御することになっているように、哲人王はその卓越した知恵と洞察力によって社会を統治することになっている。すでにプラトンにおいて、人間の合理性あるいは理性を活用することで、政治的に操縦しうる統一体としての社会について、三つの考え方が現われている。この三つの仮定は今日にいたるまで、社会・政治思想に対して多大な影響を及ぼしてきた。ルーマン理論は、そうした仮定の三つの側面をなに一つ共有していない。

第一に、ルーマンは、社会が単一性に基づくということを否定する。彼はむしろ、社会は区別や差異に、つまり社会システム間の内的な差異や社会とその非社会的な環境との差異に基づいている、ということをみいだしたのだ。第二に、そうした多元性や差異への照準に即して、ルーマンは一般的な（人間の）合理性という概念を否定する。そのかわりに彼が主張するのは、合理性はつねにシステムの偶有的な産物あるいは構成であり、普遍的な理性など存在しない、ということだ。ルーマンは的確に、挑発的に、そして皮肉をこめて次のように述べる。「区別の論理に基づく合理性概念が、この単一性や権威という位置へたどり着くことなどけっしてない。理性よ、二度と再び！」[11]

ルーマンはここで、一九七〇―八〇年代の左翼の抵抗運動で使われた有名なスローガン「戦争よ、二度と再び！」だけではなく、あらゆる社会的悪の普遍的な解決法として、ハバーマス（彼はしばしばこの運動の知的代弁者だとみなされていた）が理性に固執していたことにも、暗に触れている。こうしてルーマンは、新しい、平和に満ちた、平等な社会を、理性による政治に基づいて打ち立てようとするイデオロギー的希望を嘲笑うのだ。

第三に、ルーマンは、社会における一つのシステム、つまり政治システムが、社会全体に対する指導的機能を引き受けられる、という考えを攻撃する。こうした考えでは、政治システムや政治制度が何らかのかたちで社会のなかの社会を代表している、ということになる。政治的な統治体が、社会のなかで、社会や――もっと伝統的にいえば――人民に自らの統治を可能にさせる特権的な地位を占めている、ということになるのだ。ルーマンはそうした可能性を断固否定する。「機能的に分化した社会においては、社会のなかの社会という無敵の代表者は存在しない。かくして政治システムは、システム／環境間の差異の、ある特定の政治的構成によって自らを操縦しうるだけなのだ[12]」。ルーマンは、政治システムによる他のシステムの操縦不可能性を示す単純な例を一つ挙げている。「家族のような比較的単純なシステムでさえ、もしその自己操縦が効かなければ、克服不可能な諸問題を政治に突きつけることになる。家族がその差異を効率的に最小化できないなら、政治はもっとできない。政治は、その独自の計画を行政的に実行することはできる、女性の一時避難所に融資し、離婚をしやすく／しにくくし、離婚の負担を分散させ、それにより離婚および未熟な結婚を抑止する——要するに政治ができるのはそういうことだ。家族それ自体が、このような仕方で操縦されることなどありえない[13]」。

政治は家族を操縦できない。これにはおそらく、伝統的理論家でも賛同するだろうが、ルーマンの主張ははるかに一般的なものであり、国家と家族の関係を例外的なものだとみなすことはない。彼がとりわけ反対するのは、社会は政治によって、選挙活動中（社会主義国家、共産主義国家ではいうまでもなく）政治家たちがきまって操縦できると約束するもの、つまり（資本主義）経済を操縦できるという考えである。ほとんどの政治家は、もし選挙で選ばれたら、政治を経済に役立てることができる、と信じている、少なくともそう主張する。ルーマンはしかしこう断言する、「どんな政策も、経済を、経済の一部を、いやたった一つの企業ですら、再生することはできない、なぜならそのためにはお金が、つまり経済が必要だからだ[14]」と。（資本主義）経済は操作的に閉じており、自らを操縦している。政治は経済に刺激を与えること、つまり政治的決定に何らかの経済的共振をもたらすことはできるが、経済を操縦することはできないのだ。

（資本主義）経済の自己操縦は政治によって計画されえない。これが社会主義や共産主義の実験にあてはまることは、歴史によって十分に証明されている。同じことは資本主義にもあてはまるのだが、このことはまだ一般に信じられてはいない。支配的な意味論では依然として、経済的な操縦能力が、経済システムではなく政治システム内の長官や財務大臣に付与されているではないか。経済システムが考慮されたとしても、伝統的なヒューマニズムの意味論は、機能的な視座をとることができず、経済的な操縦をアラン・グリーンスパンや大経営者たち、あるいは株式仲買人のような個々の人間に帰してしまっている。ルーマンは「経済システムは計画されえない、ただ進化していくだけだ。計画がなされたとしても、そのシステムが進化に即して反応する歴史的状態に影響を与えるだけだ」と考えている。そしてこう結論づける、「経済は、貨幣を媒介とした自己言及的プロセスとその操作的閉鎖性を基盤にして、それ自体のダイナミズムを生みだすが、それを政治的に統御することはできない。またそれには事実上経済でさえただ事後的にしか反応することができないのである(15)」と。

社会の内部に中心的な操縦主体は存在しないというルーマンの主張は、経済学にみいだされるような、社会過程への直接的な政治的（あるいは学問的）介入の可能性を排除する。政治学者も経済学者も、外側から経済過程に近づくことはできない。ルーマンの議論は、私の理解が正しければ、自由市場主義の政治の効能が幅広く信じられていることに対するジョン・グレイの批判に沿ったものだ。グレイ（ロンドン・エコノミー・スクール教授）は、現代の自由市場主義の政治の信条を、十九世紀のフランス実証主義者たち（グレイはサン＝シモンとコントに言及している）の考えと比較する。彼らは、社会的、経済的進歩を駆動するような学問上の計画を提案した（もっともそれは今日の私たちの視点からみればかなり異様なものなのだが）。グレイは、国際通貨基金（ＩＭＦ）のような機関によって行なわれる自由市場主義の政治は、経済的現実に学問的・政治的課題を押しつけようとするものだ、と主張する。グレイによれば、これによってロシアやアルゼンチンで発生した甚大な経済的破綻を阻止することはできなかった（いや外面的にはおそらくその一因にすらなった）のだ。グレイはアルゼンチンの事例をこう要約する、「ＩＭＦの試み以降、アルゼンチンは、発展の逆を行く恰好の見本となった。かつての巨大な中間階級は崩壊した。高度に発達した市場経済は物々交換の経済に置き換えられた。人口の四分の一、いやそれ以上が失業し、飢餓が蔓延した」。そしてこう結論づける、「サン＝シモンやコントのような異国の名士と、国際通貨基金のやる気のない官僚を結びつけるのは、空想がすぎると思われるかもしれない。しかしＩＭＦが固執する近代化の理念は、実証主義の遺産なのだ。地球上のすみずみまで市場経済を根づかせようと身を粉にする社会工学者たちは、自らを学問的な合理主義者だとみなしているが、実際には忘れられた新興宗教の信徒である[16]」と。

もし人間が、システムの内部からも外部からも、政府のような中心的主体によってもＩＭＦのような他の制度によっても、社会を操ることができないなら、私たちは人間として無力な状況に置かれているといえる。――そこで私たちは、人間の慢心に対する第四の侮辱に直面する。フロイトは、人間のナルシシズムに対する三つの侮辱という有名なリストを提示した。すなわち、地球は宇宙の中心ではないというコペルニクスの証明（宇宙論的侮辱）、人間は創造の王ではないというダーウィンの発見（生物学的侮辱）、そしてリビドーのような欲望と無意識の力に比べれば、自我の力は取るに足らないという彼自身の発見（心理学的侮辱[17]）である。ルーマンは今、このリストに社会学的侮辱とよぶべきもう一つの侮辱を付け加える。もしルーマンの分析が正しければ、人間社会は自らを操ることができない。私たちは、宇宙を、身体を、精神を統御できないのとまったく同じように、自分たちの住むこの社会的世界を自らの理想や希望や意図によってかたちづくることはできないのである。

では、この社会学的侮辱に私たちはどのように対処すればよいのか。ルーマンの答えは、ユートピアを創造することによって、というものだ。[18] ユートピアとは、「リベラルな自由市場体制、社会主義的福祉の正義、社会的市場経済、そして福祉国家」だ。[19] 言い換えればこうなる、「政治的ユートピアとは、このように、社会の統御不可能性が政治システムへと転写されるその形式である」[20]と。ここで、ルーマンが第四の侮辱の対処法を描写するために使った辛辣な比喩に、簡単に触れておこう。彼は、（資本主義）経済に影響を与えることができるとうそぶく政治学者たちの言動と約束を、インディアン・ホピ族の雨乞いの踊りと比較し、両者には共通する重要な機能があるという。すなわち「ものごとが自然に変わるのをただ待つのではなく、何かがなされているという印象をまき散らす」という機能である。[21] 政治は、機能的分化という条件の下で他のシステムを操っていると自負するようになると、もっぱら象徴的に機能する。

G8サミットをネイティヴ・アメリカンの秘儀に準《なぞら》えるこの言明のラディカリズムを過小評価してはならない。両者とも、経験的にいえば、ほとんど役に立たないものであり、天気や景気に影響を与えるかどうかまったくわからない。しかし、社会的には重要な機能を果たしているのだ。「何かがなされている」という癒しの感情を与えるだけではなく、おそらくそんなことよりも、重要な社会的意義をもっている。雨乞いの踊りは、間違いなく、ネイティヴ・アメリカンの宗教生活において重要な催事である。今日、G8サミットは国際的な政治的威信を示す重要な催事である。ある人は、雨乞いの踊りで主役をつとめることによって、ネイティヴ・アメリカンの共同体においておそらく高い社会的地位を得ることができる。それとまったく同じように、G8の会議で登壇者になれば、必ずその人の政治的経歴に華やかな印象を与えることになる。雨乞いもサミットも、それぞれの社会的環境において、さまざまな「攪乱」を引き起こす。雨乞いもG8も、インディアン家族の夕飯時の会話において、またCNNのプライム・ニュース報道において、必ず話題となる。雨乞いの踊りもG8サミットも、ゆえに人類学者や社会学者にとってそうであるほど、気象学者や経済学者にとって興味深いものではない。ただ付け加えておかなければならないことがある。ルーマン的な視点からみて、雨乞いの踊りもG8サミットも役に立たないものとして批判されるわけではない、ということだ。どうして人類学者や社会学者が、こうした行為を非合理的なものとして廃棄するように勧めるだろうか（ハバーマス主義者ならおそらくそうするように）。両者とも、天気や景気を操ることはできないが、それにもかかわらず、それぞれの社会的環境においては重要な社会的催事なのである。

ルーマンは、（雨乞いの踊りとのアナロジーによる）政治機能の理解が、今なお支配的なヒューマニズム理論からラディカルに離脱している、と認めている。彼は率直に、政治システムの分析は自らの理論と「古典的な政治学の概念、とりわけ民主主義の概念」との間に「劇的な矛盾」をもたらす、と述べている。[22] 人間は社会を操ることはできない、そして人間による人間的で合理的な自己統治を標榜する政治システムは、資本主義経済の統御不可能性を前にしたとき、厳密にいえば一つの疑似-宗教的なユートピアである、というルーマンの結論は、確かにヒューマニズム的な社会的自己記述へのラディカルな批判となる。しかしそれは、現に存在する社会構造自体への批判となるわけではない、もちろん防御となるわけでもない。

ルーマンは、G8サミットや雨乞いの踊りはまったく非合理的であり、それゆえ廃止されるべきだ、とは言わないだろう。彼はこれらについて純粋に機能主義的な観点から考え、その機能をヒューマニズム的観点から理解することを批判しているのだ。現状へのこうした自己満足は、ルーマンに対し保守的だという多くの批判をもたらした。[23] しかし私はルーマンを違った仕方で読んでみたい。この節の冒頭とその後のルーマン自身の自己定義を関連づけることによって私が主張したいことは、現代の多くのポスト・マルクス主義者たち、たとえば現代西洋社会理論の文脈でいわゆるラディカル・レフトを代表するハートやネグリよりも、ルーマンのほうが――「批判的」ではないが――ラディカルである、ということだ。なぜラディカル・レフトの思想家たちのほうがラディカルではないのか、それは彼らが多くの場合ヒューマニズム的な思考様式を論敵である「右翼」や自由主義の思想家たちと共有しているからだ。ハートとネグリは、たとえば、ルーマンよりも民主主義についてずっとヒューマニズム的な見方をしているし、啓蒙思想の伝統にもずいぶん深く与している。たとえ「人民」や「大衆」のようないささか古臭い概念をもはや使うことなく、それをポストモダン流に、つまり（彼らの場合だと）「マルチチュード」と言い換えていたとしても、現在の世界よりもっと民主主義的で、もっと平等で、もっと公正なより良い社会に理論的に貢献したいという夢をもちつづけているのである。最終的に、彼らは新しい共産主義を実現したいと願っているのだ。こうしたアプローチは自由主義的政治理論の文脈ではラディカルだとみなされる。しかし結局、共産主義は十九ー二十世紀の一般的な政治的理念や理想からラディカルに離脱したイデオロギーではない。つまりそれは単に、西洋啓蒙主義の政治的連続体《スペクトラム》のなかでより「原理主義的」な一形態であるにすぎないということだ。ハートやネグリのような思想家は、十九ー二十世紀の思想を、二十一世紀においてさらに適用可能なものへ変容させようとしているが、政治思想の基本的な前提――政治思想は人々がより良く生きること、すなわちもっと自由に、力強く、正義に適った生活を送ることを妨げる社会の抑圧の構造を探求するものだ、という前提――は同じままである。この意味で、ハートやネグリのような書き手は、近代西洋政治理論の主流の伝統内部におけるラディカル派を代表しているのである。

ルーマンが提唱する人間の慢心に対する「社会学的侮辱」は、確立された政治システムと、こうした体制あるいは「システム」と対立関係にあるとみなされる抵抗の運動、活動、理論の両方に向けられている。事実、ルーマン的な見方では、体制側の政党もいわゆるNGOも、共和党支持者もグリーンピースも、G8サミットも路上にあふれる反対デモも、ともに政治システムを構成し、人間は社会を政治的に操ることができる、操るべきだという信念を共有している。彼らはただ政治的操縦の手段や目的の点で意見が合わないだけである。つまり権力に対する位置のとり方において異なるだけだ。政府も反対派も（議会であろうと路上であろうと）、「操縦の限界」[24]を認めていない。ルーマンの分析が示すのは、通常の政治活動や抵抗活動よりもはるかに原理主義的なパラダイム・シフトの可能性である（たとえそれが見たところラディカルな実践的解決を示していないとしても）。近代の政治／社会理論によって確認された伝統的な諸問題に対して政治的解決を呈示するだけの試みを、ラディカルだとよぶわけにはいかない。問題がまったく同じままであるなら、それに対する答えがどうしたらラディカルに違うものになるなどと思えるのだろうか。

ルーマンによる社会の分析は、主流の近代政治理論の数ある基本的前提から、ラディカルに離脱している。ルーマン理論のこの創造的可能性こそ、とりわけ本書で私が明らかにしようとするものだ。宇宙論的侮辱や生物学的侮辱、心理学的侮辱もかつてそうだったように、ルーマンの社会学的侮辱も、理論を前進させ、そのあとに確かな知的痕跡を残すものだとみなされるだろう。この世界の新しい見方がどこに行き着くのかはわからないが、探究する価値はあるだろう、さほど退屈ではないことをただやってみるだけだとしても。[25]社会システム理論は、新しい希望、新しい約束、新しいユートピアをでっちあげることには関わらない。しかしまた叶うことのない希望、果たされることのなかった約束、そして輝かしい未来を夢見るおとぎ話を手放すことを怖れもしない。社会システム理論は、敢然と、社会理論にヒューマニズム的ではないパラダイム・シフトをもちこもうとしているのだ。それは社会を、深遠で（誰が見ても）まったく偶有的な仕方で「攪乱」する。

単なる批判は、パラダイム・シフトがそうであるほど、社会についての支配的な自己記述に異議を唱えるものではない。批判理論は、ある理想がまだ十分に現実になっていないから別の試みが必要だ、と非難するのが常である。ある意味で、批判理論は、啓蒙の未だ終わらない企図を終わらせるという保守的な企図に与することになる。社会システム理論は、逆に、批判理論から決定的に離脱しているという点で、「メタ批判的」なのである。[26] ルーマンは、コペルニクスやダーウィンやフロイトと同じようなやり方で、「常識的」な自己記述を粉砕する、以前には想像もできなかった、世界を見る可能性が浮かび上がってくるように。

第四章　必然性から偶有性へ——哲学のカーニバル化

哲学という学問領域や哲学史とニクラス・ルーマンとの関係はきわめて曖昧だ。彼は「公式」には社会学者（社会学部の教授）であり、つねに自分をそうであるとみなしていた。しかし、彼はドイツでもっとも権威ある哲学の賞「ヘーゲル賞」を一九八九年に受賞し、その著作においても、プラトンやカントを、少なくとも社会学の創始者たちと同じくらいは参照している。ハバーマスが正しく述べているように、「ルーマンが繋がろうとしているのは、コントからパーソンズという社会理論の学的伝統というよりは、カントからフッサールという意識哲学に関連した諸問題の歴史なのだ」(1)。

ルーマンは『社会の社会』で次のように言う。「もし近代社会における／による、自己記述の可能性について判決を下そうとするなら、何よりもまず以下のことを考慮しなければならない。この自己記述がもはや教えや知恵というかたちにおいて口頭で伝えられることも、また哲学という形式において高尚で究極的な思想を表現することもない、ということを。むしろそれはマスメディアの何が起きているのか、何を知っているのか、何を知っているべきなのかを決定している(2)」。

これは辛辣な、いやむしろ「カーニバル的」な叙述である。というのは、ミハイル・バフチンの用語では、それは聖なるものと俗なるもの、高貴なものと卑俗なもの、そして賢い者と愚かな者を結びつけるからだ(3)。伝統的に賢人や聖人、知恵のある者は、世界を説明するために、社会にそれ自身の情報をもたらす責務があった。後になって哲学者がこの役目を負うことになった。しかし現在それはマスメディアに引き継がれている。何が問題かを教えてもらおうと、賢人や哲学者に尋ねる人はほとんどいない。ただテレビ(いやこのご時世変化が早いので、コンピュータ)のスイッチを入れるだけだ。哲学とは、知恵を愛するということだった。ヘーゲルでは、哲学はそれ以上のものに、すなわち「実践知」や学問(Wissenshaft)(4)になるとされていた。ヘーゲルはこの変容を「上昇」(Erhebung)として理解していた。しかし私たちはルーマンとともに、上昇ののちには下降が来る、と結論づけなければならない。哲学はほどなく、「実践知」の主要な提供者としての地位をマスメディアにとってかわられたのである。

マスメディアは、実際には、社会の自己記述の唯一の情報源というわけではない(おそらくもっとも重要な情報源ではあるのだが)。右に引いた叙述は、レトリカルなもので、誇張されている。結局ルーマンの理論全体もまた、社会における/についてのもう一つの自己記述だと考えられる。こうして、マスメディアだけではなく、ルーマン自身もまた、「ヘーゲルの王座」を奪う者だと主

張しうるのである。(5)

ヘーゲルは、ルーマンの著作においてもっとも参照される哲学者の一人であるだけではなく、「体系／システム」（system）*という重要な概念を彼と共有している。ヘーゲルはカントの超越論的方法論を踏襲し、（学問）体系と、彼にとっては真の学問には入らない単なる情報の集積とを区別した。単なる情報の集積は、事実の収集、寄せ集めにすぎない。そうしたものに学問を名乗る資格はない。知識は、体系化され、一つの首尾一貫した全体へ統合されたとき、はじめて学問となる。単なる情報の集積と学問体系の決定的な違いは、前者が偶然的であるのに対して後者が必然的であるという点にある。情報を収集したもの、たとえば体温についての統計的データをまとめたものは、包括的な概念図式によって理解されない限り、ランダムな数の寄せ集めにすぎない。医学的概念や原理が適用されることではじめて、そのデータは相互に関連づけられ、たとえば熱という学問的記述を構成することができるのである。体温のデータは、より大きな概念的な文脈において理解されたとき、特定の医学史の一部となることによって、「必然的」になる。体温は、患者の健康の必然的な一側面となるのである。ヘーゲルにとって、哲学、学問、体系、必然性といった諸概念は、相互に説明されるものだ。真の哲学は、学問的でなければならない。すなわち学問は定義上体系的である。そして体系的であるものは必然的なものだとみなされるのだ。「真なるものは、体系としてのみ現実のものとなる」。

ヘーゲルが惹きつけられる学問――彼にとって唯一の真の学問――は、「意識の経験についての学」、つまり精神の現象学だった。ヘーゲルにとって、学問は、その究極的な意味において、意識の自己理解のプロセスだった。学問を通じて、意識はそれ自身の必然性を（この用語のヘーゲル的な意味で）理解する。意識が、体系的な仕方で、それ自身を、その歴史を、その構造を、そしてその現われを理解し、それ自身の必然性を拒握することができるようになる。学問は主として、その外部にある対象についての情報に関係しているわけではない。それは、むしろ認識の認識なのだ。学問は自己反省的である。真の学問は――ここでヘーゲルは再びカント的伝統を引き継いでいるのだが――それ自身についての理性の啓蒙である。ルーマンの用語でいえば、ヘーゲルにとって哲学の本質は、体系的な、ゆえに学問的な精神の自己記述にあり、精神はそれを通じて精神自身の必然性と現実を現実化＝理解する（この言葉 realize は「現実化する」と「理解する」という二重の意味をもつ）。精神だけが、このような仕方で自己反省的になることができるのだ。意識や思考は、（見たところ）非精神的なものと関わっている限り、疎外された状態にとどまる（そしてこのことが哲学という学問の主観の転換を必要としたのだ）。精神だけがそれ自身において／によって、自らを完全に現実化することができるのである。認識のもっとも高次の類型は、認識の自己認識である。これが学問的で体系的な哲学の本質である。それは究極の自己記述なのである。ヘーゲルにとって、自己記述をめざすどのような試みも、（この）彼の哲学体系へと帰着する。

＊ system の訳語として、ヘーゲルの文脈では「体系」、ルーマンの文脈では「システム」を用いた。

私の理解が正しければ、またヘーゲルにとって哲学が究極の（絶対的な）――もちろん彼自身のではなく一般的な――自己記述であるとすれば、ルーマンの企図を、前記の引用に照らして（バフチンの用語で）「カーニバル化」、あるいは（ヘーゲルの用語で）ヘーゲルの止揚だと考えてよいだろう。私が示そうとしているのは、ルーマンがヘーゲルのアプローチをいかにアイロニカルに曲解したのか、そしてそれによって伝統的哲学をいかに「脱構築」したのか、ということである。このために、私のヘーゲル理解を簡単にまとめておこう。

ヘーゲルにとって、哲学は究極の自己記述だった。それは以下のようなことを意味する。

精神性。『精神の現象学』という文法的に曖昧なタイトルが示しているように、哲学は精神によって、また精神についてなされるものだ。哲学は、自らに関係する精神である。精神は、意識的な認識としてその姿を現わす。それは、実質的にいえば、理念的であり、物質的ではない。精神は、意識において自らを現実化する。

学問性。哲学は、学問や知のもっとも原理的でもっとも高次の形式である。哲学だけが、（大文字の）[7]「真なるもの」に関わっている。他のすべての学問、たとえば典型的な例として数学や歴史は、その対象が認識の様式と一致しないという疎外された状態にある。そうした学問が到達するすべての真理は、外的で部分的なものにとどまる。哲学的な学問だけが、真理を全体として把握することができる。それだけが他のなにものでもない「精神の真理の全体領野」[8]を理解しうるのである。

体系性。哲学は、唯一の真の体系的学問であり、ゆえに、厳密にいえば、唯一の現実の学問である。哲学の諸原理は、公理にとどまることなく、体系全体へ完全に統合される。完全な体系は、線形でヒエラルキー的な議論の連鎖ではなく、首尾一貫した円形体を成し、そこではすべての側面がひとしく基礎を成している。

必然性。哲学だけが、完全な学問体系であり、ゆえに哲学だけが完全な必然性を打ち立てることができる。哲学は、(他でもありえた)単独の諸事実をただ記録することにではなく、文脈的必然性の体系的理解に関わっている。

ルーマンは、ヘーゲルと同じように自己記述に関わり、ヘーゲルと同じように体系/システムに関わった。しかし、誤解を避けるために、その明らかな違いをただちに述べておかなくてはならない。ヘーゲルは自分の哲学が一つの体系のかたちをとることを信じていたが、ルーマンのシステム理論はシステムについての理論であって、システムそのものではない(それが現代の一つの社会システム、つまり学問システムのなかに現れることは明らかだとしても)。ルーマンがシステム――つまり社会システム、生物学的システム、心的システムなど――とよぶものの実質は、ヘーゲルのいうような意味での体系ではない。ヘーゲルにとって、厳密な意味で存在するのは、唯一の現実の体系、つまり彼自身の哲学だけだ。ルーマンにとって、システムは経験的に与えられているものであり、細胞や経済や人々の心といった多様なものを含んでいる。ヘーゲルは、体系という概念を、カント的な意味で学問の理念的な（そして唯一の真の）形式（その反対は情報の単なる集積）だと理解しているが、ルーマンにとって（オートポイエーシス的）システムは自己生成的、自己生産的な操作的プロセスである。「体系／システム」という言葉の使い方において、ヘーゲルとルーマンにはほとんど共通するところがない。

しかしヘーゲルの体系とルーマンの理論の概念を比べると、類似点が現われる。ヘーゲルは説得力のある一貫した哲学体系の構築をめざし、ルーマンは一般的で包括的な理論の確立をめざした。ルーマンは、自分は理論家だと思う、とよく言っていたし、『社会システム理論』（ドイツ語版）のサブタイトルは、「一般理論概説」だ。彼は、理論とは厳密に何であるのかについて明確に述べることはなかったが、それは彼にはおそらく自明だったのだろう。自分の理論をあくまで一つの理論として語っている文章のなかで、彼は印象的なメタファーを使っている。『システム理論入門』の最後で、「理論の建築術」と「設計の問題」[9]について語っているのだ。理論は、概念の建造物として、あるいは同じ頁で説明しているように、用語法の首尾一貫した文脈における諸概念として理解される。カントは超越論的方法論のなかでまったく同じメタファーを使って、「純粋理性の建築術」と「体系の技術」[10]について語っている。ルーマンの理論はカントとヘーゲルの体系を引き継ぐものだといってまず間違いないだろう。ルーマンは、調査を行ないデータを集めて、社会学的な「情報の収集」に貢献するような、「通常科学」の社会学者になろうとしたわけではない。そうではなく彼は、社会学の理論的危機に反応し、社会についての新しい一般理論を打ち立てたかったのである[11]。ルーマンの理論概念とヘーゲルの体系概念を比べると、少なくとも四つの類似点を指摘することができる。

1　体系と理論はともに、「概念的に完全に構成されている」(begriffich durchkonstruiert)[12]ものだ。すなわち「概念的である」と同時に「完全に構成されて」いなければならない。理論と体系は、事実ではなく概念に基づいており、首尾一貫した包括的なネットワーク、すなわち論理的に矛盾しない一つの全体を構成しなければならない。

2　体系と理論はともに、普遍的に適用可能である。体系と理論は、単なる「剝きだしの真理」(nackte Wahrheiten、ヘーゲルが用いた表現で、たとえばシーザーの生まれた日といった、伝統的な歴史編纂が扱う事実を表わす[13])に関わるのではなく、それぞれの概念的枠組みの内部にある、基本的にどのような出来事の意味も同定することができる。ヘーゲルはシーザーの誕生日に興味はないが、その哲学的装置によってシーザーの存在意義を確認することはできる。同様に、ルーマンの理論はきわめて包括的だとされているので、サッカーゲームのダイナミズムといった日常的なものでも、その社会システム理論によって解釈することができる[14]。

3　体系と理論はともに、その主題の――少なくとも彼ら以前の哲学者や社会学者よりは――適切な理解に関わっている。ヘーゲルにとって哲学体系は唯一の適切な学問形式である。彼は哲学の先達たちが間違っている、見当違いだと責めているわけではなく、彼らには概念的な精緻化が欠けていると考えていた。ヘーゲルは新しい事実を発見することにも、ただ他者を論破することにも関心はなかった。彼は、イエス・キリスト流に自分の仕事を捉えていた。つまり彼の体系は、前の預言者たちの誤りを証明するものではなく、表現の水準を実質的に上げて、より適切なやり方で同じ真理を呈示できるようにするものだ。[15]ルーマンは確かにヘーゲルより宗教的ではなく、適切性を求めてそれほど躍起になっていたわけでもない。ただルーマンは、自分の理論が適切性においてすべての論敵たちに優ることは望んでいた。彼は規範的な社会理論のもう一つのかたちを（たとえばマルクスやハバーマスに付け加えるかたちで）示したかったわけではない。社会に対し何の力も貸さず何の助言もしていないと彼を非難する人々を、その政治的課題で理論的適切性を裏切っている、と非難したのだ。彼は、何を為すべきか、どこへ行くべきかを社会に教えるというよりは、社会理論の適切性をより良いものにしようと、イデオロギーを超えてそれを引き上げたのである。[16]

4　ヘーゲルの体系とルーマンの理論のもっともわかりにくい類似は、それぞれの自己包含の主張に関するものだ。概念的なフィードバックの循環を通じて、体系も理論も、最終的には自らによって自らを説明するものとされる。『精神の現象学』においてヘーゲルがめざしたのは、「絶対知、あるいは精神として自らを知る精神[17]」である。最後には、体系は自らがそれ自身の内容であること、そして自らが自らを完全に包含することによって真に完全なものとなりうるということを、現実化する。ルーマンは、以下のように述べるとき、ヘーゲルの体系へのこの自己包含を否定しているようにみえる。「世界史と哲学の愛というヘーゲルの小説だけではなく、小説や恋愛小説というものは、その物語の最後に、前もって自分では知りえないことをも知りうる観察者を置いている。これにより、最初からすでにすべてを知っていた語り手を、したがってまたヘーゲル自身をも、物語から排除しなければならなくなる[18]」。私は、この批判は公正さを欠いていると思う。私の理解では、ヘーゲルの『精神の現象学』（「世界史と哲学の愛の小説」）において、その体系のもっとも重要な特徴は、まさしく「自らへ立ちかえる」（Insichgehen[19]）ようなものであり、そこでは、語ることも、したがって語り手自身も、最終的には自らの「主題」となる。いずれにせよ、ルーマンは、自分の理論についてそうした自己包含をはっきりと主張する。「このように、認識論者は、彼/彼女自身が迷宮の鼠になってしまい、自分自身が他の鼠をどこから観察するのかについて考え直さねばならなくなる。そうした内省は、もはや共通の条件をもたらすだけではなく、それを超えて認識システムの統一へといたるのである。そしてあらゆる「外在化」はシステム－分化として説明されねばならなくなる。認識の社会学だけが、ラディカルで自己包含的な構成主義を可能にするのである[20]」。ルーマンのラディカル構成主義は自らへとさし戻される。実際、それはラディカルに自らを構成する。理論は、（社会的構成を含み、それに照準する）認識の構成に関わるものである。しかしまた理論は自らが社会の内部に、したがって自らが関わる構成の内部にあることを、現実化する。自己包含に関わる問題は、ゆえに理論と体系に共通するもっとも決定的な特徴である。しかし自己包含の問題は、ヘーゲルとルーマンにとって、ひいては体系と理論にとって、ラディカルに異なる結果をもたらす。そのことが両者を似たものにも、また違うものにもさせるのである。そしてまたここにこそ、ルーマンのラディカリズムの明らかな証拠をみいだせる、と私は思っている。

ヘーゲルにとって、哲学は究極的に精神（Geist）の学（Wissenshaft）であった――主観的な意味でも客観的な意味でも、つまり精神による、精神についての学であった。精神は、知として、認識として、そして「意識の経験」の学として現われる。哲学は、したがって認識の学であり、まさにその厳密な意味において、精神科学 Geisteswissenshaft（文字通り、精神の学）である。精神科学という言葉は、しかしまたより広い現代的な意味で、人文科学（その反対は、たとえば自然科学）を意味する。基礎的な「精神の学」としての哲学というヘーゲルの概念から派生したその他の精神科学は、（歴史、芸術、言語等のような）精神のより限定された現われを扱うものだとみなされた。こうした概念モデルは、ヘーゲル的な意味で、精神が（人間の）現実に関する知的原理、あるいは認識原理の基盤を成すということを暗に示している。精神は認識に関わり、あらゆる（人間の）活動は実質的に認識や精神に関わるものである。ルーマンは、精神のような一般的概念の下にあらゆる人間的なものを包摂することに、断固反対の立場をとる。彼はこうしたヘーゲル的遺産にきっぱり異を唱える。「共通の基盤、基盤となるシンボル、究極の思考への野心は廃棄されねばならない、あるいは哲学者に任せておけばよいのだ。社会学は、ヘーゲルが「精神」とよんだものに――このようなやり方ではないにせよともかく――行き着くことはない。社会学は「精神科学」ではない[21]。ルーマンは、認識によって社会を理解してはいたが、認識を精神に基づけられた何かだとみなすヘーゲルや他の人間主義者たちに同意することはもはやなかった[22]。ルーマンはきわめて挑発的にこう言う、もしあらゆる（人間）活動の基盤を成す一つの普遍的な「究極の思考」を信じつづけようとするなら、人は――ヘーゲルが思っていたように――（社会）科学者ではなく、伝統的な意味における哲学者にとどまることになろう、と。こうしてまた、ルーマンは精神から認識を引き離すことによって、暗黙のうちに（社会）科学から哲学を引き離したのだ。ルーマン理論においては、認識はシステムに関わるものであり、精神的（あるいはルーマンなら心的と言うだろう）でもありうるが、また同時に社会的、生物学的、あるいはおそらく「機械的」、化学的……でありうる。ルーマンにとって、社会システムは心や細胞が認識できるのと同程度に認識できるが、認識のこうした類型に「共通の基盤」はない。認識の学は、ゆえにもはや「精神の学」ではない。社会学は、ルーマンにとって、社会システムの認識に関わるものだが、精神、いや人間にすら関わるものではない。社会学は哲学でもなく、またヘーゲル的な意味でいう精神科学にも属していない。

ヘーゲルにとって、厳密な意味で、複数の学問は存在しない。学問は、その実権を握る哲学と一つになる試みである。しかしルーマンの場合はそうではない。学問は、ルーマンにとって、機能的分化の発展とともに一つの社会システムとして現われる。近代の学問は、たとえば法、政治、経済といった他のシステムと隣りあう、一つの機能的システムである。ルーマンの関心は、このシステムがどのように機能するか、ということにある。彼はこの主題について長い論考――『社会の科学』[23]を書いている。ここはルーマンの社会システムとしての学問の分析を概説する場ではないので、以下のように言っておけば十分である。学問は、他のシステムと同じように、その独自のコード（真／偽）、プログラム（理論、モデル）、機能（知の生産）等々をもっている、と。他のシステムと同じように、学問もまた職業（教授、学者）の機会を提供し、（現代の大学の体系的、混成的な組織に現われる）教育システムや経済システム、そして米国ではスポーツ・システムといったさまざまなシステムと構造的に結びつけられている。

社会に埋め込まれた学問は、ヘーゲルや、学問そのものであった哲学が恣《ほしいまま》にしたその高い威信を脱ぎ去った。学問は、近代社会では、他のシステムに対していかなる威信ももっていない。たとえば、人はスポーツにおいてもっと多くの名声を得られる。知の生産をしているといっても、学問は一般的な知識を生産しているわけではない。それは、マスメディアの役目だとみなされている。「すでに知られているとわかっている」こと、[24]それがテレビを見たりインターネットを拾い読みして私たちが知ることであり、大学の紀要に発表されるものはそうではない。学問において、哲学が特別に重要視されることはない。物理学者は、プラトンについて優れた知識をもっているからといって雇われるわけではない。哲学はまだ伝統的な威信をいくらか保ってはいるが、他の学問に対して、はっきりした指導的影響など与えていないことは明白だ。ルーマンは、哲学が先導的な学問領域であると主張することなど現在ではまったく論外だ、と指摘する[25]。

ヘーゲルと同様、ルーマンも自分を学者だとみなしている。ヘーゲルにとって、それは精神ー世界を表現する聖職者にとってかわることを意味していた。ルーマンにとって、それはオートポイエーシス的で操作的に閉じたコミュニケーション・システムのなかで著書を出版していくということだ。そうしたシステムが、たとえば（マスメディアではそうであるように）スキャンダラスであるかないかを選択の基準に置くのではなく、真か偽かという基準に照らして出版するように選ばれた文献や理論を生みだしているのだ。ヘーゲルにとって（哲学的）学問は認識や精神の活動に関わるもっとも高次の形式であった。ルーマンにとって、それは他の多くのコミュニケーションのなかで発展してきたコミュニケーションの一類型である。きわめて興味深いことだが、二人の学者は、自分たちの学問的営為に含まれるパラドクス的性質――それは彼らの主著の文法的に曖昧なタイトルにもっともはっきりと表われている（『精神の現象学』と『社会の科学』『社会の政治』『社会の社会』などの類似的なタイトルをもつルーマンの多くの著作[27]）――に十分気づいていた。彼らが追求した学問とは、自らをその内に含む種類のものだった。ヘーゲルにとって、精神の学は、精神による、精神についての学問であった。ルーマンにとって、社会の研究はただ、社会学者によって社会のなかで行なわれうるものである。社会システムの理論はそれ自体、その理論が分析するシステムのひとつ、すなわち学問の生産物なのである。先の引用をもじっていえば、学者は彼自身、学問が構築した迷宮の鼠になる、といえるだろう。

この学問的フィードバックの環が、一方にヘーゲルの体系、他方にルーマンの理論があるというまったく正反対の二つの評価といかに結びついているか、を銘記することはきわめて重要である。この違いを分析するために、ヘーゲルの『精神の現象学』とルーマンの『社会の科学』の序文、それぞれの結びの部分を比較してみよう。ヘーゲルはその序文の最後で、彼という一人の哲学者がいかに――彼を通じて自らをあらわそうとした――「精神の普遍性」のただの代弁者であるのか、慎み深さを装って示している。「慎み深さを装って」と言うのは、ヘーゲルが、一方で精神の自己-現実化=理解における自分自身の役割を軽く見積もっているにもかかわらず、「精神の普遍性」が未だかつてないくらい「勢いを増した」時代が自分の生きた時代であるという事実については、信じて疑うところがないからである。彼が主張したのは、まさに精神の自己-現実化=理解の頂点を極めるということにほかならない。ヘーゲルは、精神が自分ではない別の哲学者を通じて自らをあらわすこともできた、と認めている。それにもかかわらずヘーゲルは、彼の名の下に世に出た哲学体系の形式において、精神は間違いなく自らをあらわしたはずだ、と仄めかしているのである。[28]

他方、ルーマンの『社会の科学』の序文は、まったく違った調子で――つまりもしその謎めいた最後の一文に対する私の解釈が適切なら――自己を皮肉って終わっているのだ。彼は同僚や研究者への謝辞をこう締め括っている、「いつものことだが、まだ誤りがあるとすればそれはすべて私の責任であるということだけは言っておこう、ただ当然ながらこの文章の誤りを除いては！」と。

この文章の前半を読むと、人はルーマンもたいていの学術出版の著者たちがすることをしている、と思う。つまり、本のある箇所（たいていは序文か謝辞）で、他者への感謝の気持ちを表わしたすぐあとに、他者への倫理的責任を果たすそぶりを個人的に示すというわけだ。その本の主要な部分は学問的であり、したがって匿名的で理知的で、道徳を超えているというのに。しかしこの予期は文章の後半でラディカルに裏切られる（ジョークの常套手段）。文章の後半をみると、謝辞で学術書の著者が述べる一見個人的で感情的で倫理的な言葉が、端的にまた「当然のごとく」、学術的・学問的著作内部におけるよりステレオタイプなものとして、それゆえ個人的感情や道徳的信念とは何ら関係のないものとして露わにされている。したがってそうした言葉はその本の主要部分で使われている専門用語《ジャーゴン》と同様、学問システムによって学術書の著者たちに押しつけられた言語的慣習にすぎないのだ。言い換えれば、謝辞は、著者のいくぶん個人的な特色を表わす、本当の個人的で感情的で道徳的な思いを吐露するものではなく、学術的な著述の話法において構築されたよりステレオタイプな表現形式なのである。実際、そうした一見個人的な叙述に見えるものが――きわめてステレオタイプであることで――その言っていることと正反対のことを、すなわち学問的コミュニケーションは、それが発展させてきたコードやプログラム、コミュニケーションの取り決めにしたがって「システム的に」作動しているということを、そしてそれゆえ個人的な感情や道徳的な誠実さを示す余地など残されていないということを、はっきり示してしまうのだ。このように考えると、『社会の科学』の序文、その最後の文章が意味するところは明らかだ。それはパロディというかたちで、学問は真理を真正に現実化するものではなく、他のあらゆる社会システムと同じように、独自に標準化されたコミュニケーションの形式を有する社会システムである、ということを示しているのである。その「真理」は単に、数あるコミュニケーション的構築物の一つであるにすぎない。

このことが私に、ヘーゲルとルーマンのもっとも重要な違い、すなわち学問の位置づけの違いを思い起こさせてくれた。ヘーゲルは（哲学という）学問を必然性の体系として捉え、ルーマンは（社会学という）学問を偶有性の理論だと理解していた、ということを。

必然性に対応するヘーゲルのドイツ語はNotwendigkeitである。文字通り、ドイツ語の名詞Notは、語源的に英語のneed（必要）という名詞と関連があり、危機的状態ないし緊急事態をさす。たとえば、Hungernotは飢饉を意味する――それは人々が空腹である、つまり満たされえない食べ物への必要があり、したがって飢えがある、という危機的な状況である。他方ドイツ語の名詞Wendeは、Notwendigkeitのwendigkeitという部分の語源であり、「変わる」「転じる」を意味する。飢饉（Hungernot）において、人々が空腹で、それゆえ食べ物を必要としているなら、彼らは、その「必要」である状態が必要のない状態へと「変わる」あるいは「転じる」ように、食べることの必然性を感じている。このように、notwendigは、単に論理的・様相的な意味ではなく、ある危機を解消するために何かが必要とされているという実存的な意味での「必然」を意味している。お腹が空けば食べることが「必然」だ。ヘーゲルの使う「必然」という言葉のもっとも適切な英語訳は、したがって「危機的な」／「決定的に重要な」（critical）ということになろう。

『精神の現象学』――ルーマンが「哲学の偉大な小説《ノベル》[29]」とよぶ本――のなかで、ヘーゲルは精神の自己形成（Bildung 大体の意味は「成長」あるいは「成熟」）を思い起こしている。*『精神の現象学』は、この意味において、一種の精神の自叙伝的な小説である。[30] この本におけるヘーゲルの主たる仕事は、精神が一生を通じてするあらゆる経験の「必然性」を再構成することである。これは別に、すべてのことがなぜ最初から運命づけられているのか、またそれゆえなぜ単に偶然あるいは可能であるのではなく様相として必然であるのかを説明する、という課題をヘーゲルが追求している、と言っているわけではない。そうではなく、彼は、「必然」という実存的な意味との関連で、精神に対して、精神とともに、精神によって何が起きようとも、その「決定的に重要な意味」を探求しようとしたのである。

たとえば、私たちも個人的な生活のなかで、自らの経験をそのように――運命づけられたものとしてではなく、このいま在るかたちへと私たちをつくりあげた必然的な要因として――理解しようとするだろう。私たちは、自分の人生を「必要に満ちた」一連の状況として見ることができる、私たちはこうした必要にしたがって行為しているのである。たとえば、この人と結婚する必要があった、それはなぜか、あるいは教授になる必要があった、それはなぜか、あるいは子どもをもつ必要があった（あるいはなかった）、それはなぜか等々を理解することができる。ひとたび自分がして

＊ recall（erinnern）は、ヘーゲルの文脈では、精神が想起するとともに、それを内化することを意味する。

きたことすべての必然性を完全に理解すれば、自分自身と自分の人生を余すところなく理解することができる。もし自分の成長や成熟、人生の経験をうまく思い起こすことができたら、一瞬一瞬を、最終的にたどり着いた地点にいたる必然的な一段階だとみなすことができるだろう。人生の過去の出来事はすべて相互に結びつき、いま在る自分にとって意味あるものとして認識されるだろう。たとえば結婚したこと、子どもを一人あるいは二人もうけたこと、この友だちあの友だちに出会ったことも、もはや単なる偶然ではなく、したがって最終的にけっして無意味ではない。こうしたすべての経験が、いま在る自分の重要で決定的な部分となるのである。

ヘーゲルが『精神の現象学』で試みたのは、精神生活あるいは意識経験の必然性を記述することである。こうした経験は、決定的に重要な転換点によって構成されていると理解されるべきであり、そしてこの意味で、経験は偶有性を失ってしまうことになったのだ。完全な自己理解とは、私たちの経験の状態を、一見偶有的で偶発的な出来事から、意味ある必然的な全体へと完全に変換させることである。ヘーゲルは自分の個人的な人生のためではなく、精神の全生活、全経験、すなわち世界のために、そうした偶有性から必然性への変換を成し遂げようと切望していた。それこそ哲学の、すなわち体系的学問の務めだった。

「必然性」がヘーゲルにとって決定的に重要な概念であるとすれば、「偶有性」こそルーマンにとって中核を成す概念である。偶有性という言葉は、「必然性」という言葉と同様、それ自体両義的であるが、ルーマンにとっては特別な意味をもっている。「偶有性」とは、「～にかかっている」、

「〜しだいである」という意味だ。つまりこう言える、私はモントリオールの会議に参加する予定だが、それはモントリオールへのフライトが突然キャンセルされないかどうかにかかっている、と。この意味で、偶有性は、ラテン語の語源がそうであるように、「一体となっている」あるいは「繋がっている」ことを意味する。二つのことがら——つまり私が会議へ出席することと飛行機がモントリオールに到着すること——は相互に依存しあい、結びあわされている。二つとも実現するか、あるいは二つとも実現しないか、のどちらかだ。私が会議に現われることは、偶然でもまったく思いがけないことでもなく、フライトがキャンセルされないことと本質的に関係している。この意味で、私が会議に現われることは、まったく見込みのないことでもありそうもないことでもなく、かなり起こりそうなことなのだ。飛行機がひとたびモントリオールへ飛び立てば、この事実との関係で、私が会議に出席することは（もちろん飛行機が墜落しないことにかかっているが）、多かれ少なかれ、確実なものとなる。

しかしまた「偶有的」とは、「他でもありえた」という意味で、「必然ではない」こと、「思いがけず起こる」ことを意味する。もし、父が母と結婚し、その後私が生まれたことがまったく偶有的な出来事だったというなら、それはたとえば、以下のことを意味するはずだ。もし父の車があの日あの町で突然壊れることがなかったら、あの夜あのバーに行きつくこともなく母に会うこともなかったら、おそらく二人はけっして出会うことなく私が生まれることもなかっただろう、ということを。私が存在することはまったくの偶然である。事実、あの夜父が母に出会うために起きねばならなかった、意図的でも計画でもないすべてのことが起きる可能性を考慮すれば、私の存在など基本的にほとんど見込みのないこと、ルーマンがよく使う言葉でいえば「ほとんどありそうもない」ことだったのである。

　ルーマンにとって「偶有的」とは、「繋がっている」ことと「ほとんどありそうもない」ことをともに意味する。私が現に存在していること、ルーマンを研究する大学人になったこと、モントリオールで開かれるこのルーマン学会に招かれたこと、旅費申請の許可が問題なく下り、モントリオールへのフライトがキャンセルされなかったこと、そのすべての事実を前提にすれば、私の出席は何ら驚くべきことではない。しかし、他のあらゆる可能性と、そもそも私の存在がまったくありそうもないという事実を前提にすれば、モントリオールのこの会議に私が姿を見せたという事実は、本当に見込みのないことだったのだ。偶有性とは、ルーマンにとって、単に「何でもあり」あるいは「まったくの偶然」ということではない。どんなことが起きようと、そのすべてが他の多くのことと繋がっている、ということなのだ。しかし同時に、あらゆる偶有性が関与しているがゆえに、どんなことが起きようと、それはほとんどありそうもないことなのである。

　ルーマンは、偶有性の理論家として、ヘーゲルが『精神の現象学』で追い求めたような支配的物語の可能性を信じていない。ヘーゲルは精神の物語を紡ぎたかったのだ。偶然性を必然性へ変換させることによって、私たちは、一つの首尾一貫した物語、統一された一つの全体へと行きつく。ヘーゲルは、学問や哲学の完全なる自己包含あるいはフィードバックの環が、精神の自己統合や精神自体の必然性への洞察を導くと信じていた。しかしルーマン（そして多くのポストモダンの思想家）にとって、こうした「近代の企図」は廃棄されねばならなかった。学問的フィードバックの環への洞察が示すのは、偶有性であって究極的な必然性ではない、とルーマンは信じていた。学問が、いまあるようになったことに、必然性はない。私たちの社会が、かつてあったように発展してきたことに、必然性はなかった。今日経験される社会的現象のすべてが存在しているということは、まったくありそうもなかった私の個人的存在にもまして、ありそうもないことなのだ。他の可能性があったし、いまもつねにある。学問も経済も、そして家族すらない社会もかつて存在していた——そして未来の社会にはおそらくこれらの社会形式のすべてが今日あるようにはもはやない、ということも十分ありうることだ。過去数百年に起こったあらゆることとの関連を考慮すれば、すべての社会現象がなぜいまそのようにあるのか、なぜ事態はかつてあったように進んだのか、を説明することができる。

ルーマンにとっての学問——必然性の偶有性への変換——は、ヘーゲルにとっての学問とは真っ向から対立する。それは「ありふれたものにおけるありそうもなさ」の発見である。したがってルーマンの社会理論へのアプローチは、ホッブスからハバーマスにいたる西洋主流の哲学者たちとはまったく異なる。彼らはたいてい、社会的現実にとって何らかの意味ある（規範的・自然的・合理的な）基盤をみいだすことができると考えていた。近代国家は、たとえば、よく知られているようにホッブスが万人の万人に対する「自然な」闘争とよんだあの危機に対する必然的反応だとみなされうる。政治、経済、家族などの社会制度は、それゆえ、近代主流の理論家たちにとってはヘーゲルのいう意味で「必然」になりうる。こうした思想家たちの視座にたてば、社会哲学は私たちに、たとえば基本的な法律や政治制度がなぜ、またどのように、ある種の必然性に基づけられているのかを示すことができる。社会科学には、この必然性と、それにしたがってさらに発展していく社会制度を説明する機能がある。

ルーマンはこの必然性に疑問を呈し、そのかわりに社会を一つの複雑な力学的システム——そこでは意味がつねに構成に服し、偶有的である——だとみなした。社会制度と社会的価値の意味は、偶然に発展してきた他の社会制度と社会的価値の意味との関係から生じてくる。そうしたことすべてがあまりにもありそうもないとすれば、そこに究極的な必然性などない。たとえば、私たちの法や政治制度に、実存的・自然的・合理的必然性はない。もちろん、現在の社会的文脈に照らして、説明もできるし理解もできるが、同時に、ヘーゲル的な意味では、何の必然性もない。事態はもしかしたらまったく違っていたかもしれないということを、私たちはよく知っているのである。

ルーマンが徹底的な偶有性を発見したことは、理論的には、「何でもあり」という全面的な恣意性の宣言ではなく、必然性の哲学から偶有性の理論への置き換えをもたらした。彼にとって、偶有性を必然性へと変換するプログラムから、必然性を偶有性へと変換するプログラムへの切り替えは、社会理論の終わりではなく、むしろ新たな始まりを意味していた。ルーマンは自らの立場を次のように述べる。「社会のなかにその社会を拘束力のあるかたちで表象するようなものはない、ということは認めてもよい。しかしこの容認によって、システム自身によるそうした自己観察や自己記述の形式への反省が終わるのではなく、むしろ始まるのだ。こうした自己観察や自己記述は、そのシステムの内部で提起されるほかはなく、またその過程も次々に観察され記述されることになるのである[31]」。

「社会のなかにその社会を拘束力のあるかたちで表象するもの」がないということは、あらゆる社会現象を一つの現象「学」へと纏め上げるようなメタ物語、ヘーゲルのいう想起は存在しないということである。こうなると、ヘーゲル的な意味では、どのような哲学体系であろうと、その可能性が終わるということになる。しかし、ルーマンにとって、それはメタ物語の不可能性の理論、フィードバックの環における自己記述の理論、相互に依存しあう自己記述の理論の始まりを意味するのである。ルーマンが理解したかったことは、社会が必然性に基づいてどのように機能するのかではなく、偶有性に基づいて社会がどのように機能しうるのか、また実際に機能しているのか、ということである。

以上のようなヘーゲルとルーマンの比較を踏まえると、以下のルーマンの引用がさらに特別な意味を帯びることになる。「もし近代社会における／による、自己記述の可能性について判決を下そうとするなら、何よりもまず以下のことを考慮しなければならない。この自己記述がもはや教えや知恵というかたちにおいて口頭で伝えられることも、また哲学という形式において高尚で究極的な思想を表現することもない、ということを[32]」。

「高尚」な必然性の体系と偶有性の理論の置き換えは、古い学問の形式と新しい学問の形式の置き換えである。それは、学問的な自己記述がとにもかくにも実際に一つの「上昇」であるという仮定の終焉を示している。ルーマンの自己記述は、伝統的な意味での「博識」でも「哲学的」なものでもない。それはコミュニケーションの偶有的な形式のフィードバックの環のなかに現出しうる、数多ある自己記述の一つにすぎない。それは、いかなる超越的、啓蒙的な特質ももたない。いかなる上昇も一定の啓蒙も不可能であるというパラドキシカルな洞察なのである。

哲学は、ゆえに、ヘーゲルの言葉でいえば、そのもっとも高次の目標点を通過してしまったのだ。もはや哲学は、かつてそうであったと信じられていたもの、つまりもっとも基礎的な学問知として受け入れられることはない。したがって哲学は今や、大学で教えられ、学生や政府あるいはその両方から対価を支払われる多くの専門科目の一つにすぎない。ルーマンはこの専門科目の現状をきわめて手厳しく次のように要約する。「今や文献学的哲学史にしか興味のない哲学者もいれば、ポストモダニズムや倫理学のような華やかな話題にしか興味のない哲学者もいる。また依然として、文学的あるいは新聞の文芸欄のようなやり方で少しでも一般的な見解を示そうと苦境に陥っている哲学者もいる。そしておそらく最悪なのは、衒学趣味めいた厳格さを求めて奮闘する哲学者だ(33)」。

哲学体系の時代は過ぎ去った。その領域で、埃まみれの古典の管理者として仕事をすることはまだできるし、知的な需要があるということを証明するために議論や論争の一翼を担うこともできる(ポストモダニズムや倫理学)。また学問的であるふりなどさっさとやめて読んで楽しい本を書くこともできるし、それとは正反対のこと、つまり厳格な学問的態度をとってほとんど内容のないテクニカルな論文を書き散らすこともできる。これは、分析哲学としてよく知られているもので、おそらく哲学の分野で、少なくとも北アメリカでは、いまもっとも支配的な勢力だと思われる。しかし、ルーマンにとってそれは少しも魅力的ではない。こうした現状を踏まえて彼はこう締め括る、「かって哲学だったものが、こうして哲学の文献を取り扱うという単なる経験に格下げされ、哲学者は哲学の専門家になり下がった(34)」と。

賢人や古いタイプの哲学者には、なんの社会的役割も残されていない。至言や究極の学問体系の確立は、学問的成功を求める人にとって——哲学においてさえ——なんの役にも立たないだろう。それよりむしろ右に記した哲学専攻の大学人の四つのタイプ、そのどれか一つを引き受けて、哲学の専門家になるしかない。たぶんヘーゲル本人がいま生きていたら、現代の査読過程を切り抜け合格することは難しいと思うだろう。私は出版社が今日『精神の現象学』の草稿を受理するかどうか、大いに興味がある。ルーマンもこんな郷愁に少しばかり耽って、同時代の大学の専門家たちよりも、哲学の（おそらく賢人でもあった）先人たちに、より親近感を抱くのではないだろうか。

もし哲学も学問も「社会のなかにその社会を拘束力のあるかたちで表象するもの」であると主張できないなら、社会の基礎的な自己記述などというものは存在しない。しかしルーマン理論は、自己記述である、しかも、基礎的な自己記述が不可能な状態にある社会の自己記述である、と主張している。ゆえにルーマンは、学問以外の他の社会的自己記述のほうが自分のものより影響力がある、ということをあっさり認める。ここで私たちはルーマンが、近代社会における／による自己記述は、「マスメディアの特定のルールに従っているのだ。毎朝毎晩ニュースはクモの巣のように否応なく地球上に垂れこめ、何が起きているのか、何を知っているべきなのかを決定している[35]」と言っていたことを思い出す。

社会学は、ニュースや天気予報や広告より、現実的なものでも、尊敬に値するものでもなく、また（大文字の）「真理」であるわけでもない。社会学は、真／偽が学問システムの基本的なコードであるという意味で、（小文字の）「真理」であるにすぎない。学的コミュニケーションは通常学問的命題の真理値を問題にする。たとえば本書は、ヘーゲルとルーマンを正確に描写し、そのうえで事実に反することがあれば指摘する、という試みである。たとえ本書が幸いにも最終的にさらなる学的コミュニケーションを生成することができたとしても、それは主として私の命題の真／偽についてであり、コミュニケーション的オートポイエーシスの渦のなかで同じようなことがつづいていくだけだ。それに対し、マスメディアには他に優先するものがある。たとえば、耳目を集めて放さないような情報を提示することが、真／偽を評価することより重要であったりする[36]。これを書いていた昨夜、私はアメリカの大学のある解剖学の教授がインタヴューに応えているのを聴いた。彼はビッグフットの存在を信じ、それを証明したいと思っていた。この研究者は、大学のなかで尊重されるようになるまで辛い時期があったことを屈託なく話していた。しかし彼は明らかに、多くの同僚たちに関心をもってもらうより、マスメディアの注目を引くことのほうがはるかに簡単であることを知っていた。マスメディアは、新しい「真理」となることが確実な話題ほどには、ビッグフットに興味をもっているわけではない。彼らは面白い情報を提示することにより関心があるだけだ。マスメディア・システムと学問システムは、社会についてそれぞれ異なる自己記述を構成する。それらの自己記述は、両システムが厖大なコードやプログラムなどに基づいてそれぞれ別々にコミュニケーションを行なっているがゆえに、お互い相容れない。他のシステムに自身のコードや構成を押しつけることができる唯一のシステムは存在しない。ルーマン理論は、このパラドクスに取り組もうとするものだ。学問は、刻々と変わりゆく社会的条件の下で、真理の不可能性に関する真の命題をつくりださねばならない。

このパラドキシカルな状況は、哲学と学問のカーニバル化をもたらした。かつて人間の認識の、その最高峰を極めたとみなされた（より正確には、自らそうみなしていた）というのに、それが今や数多ある偶有的な現実構成の一つにすぎないのだ。高尚なものと低俗なものという差異はとり除かれた。カーニバルは、かつて貴族や聖職者を笑いものにし、その見せかけの権威を暴いたものだ。理論は、学問や哲学を笑いものにし、その見せかけの権威を暴く。ソクラテス風にいうなら、社会理論は自らの限界を明確にし、それによって知におけるあらゆる試みの限界を明らかにする。私の解釈が正しいなら、ルーマンは自分の理論に、自らへの皮肉をこめて「超理論」と名づけたのだ(37)。こうした解釈の正しさは、ルーマンの——皮肉や風刺やパロディが散りばめられた、無味乾燥で技巧的で概念的な言葉づかいで書かれた——著作におけるその特殊な文体からも明らかだ(38)。

私が主張したいことは、啓蒙という伝統的な学問的哲学的野心は、カーニバル的な理論によって侵食されて、これがある「存在の軽さ」、別の言い方をすれば「たのしい知識」*をもたらした、ということだ。誰でも、学問の時代にもたらされた「啓蒙の弁証法」の証人になりうる。疑う余地のないデカルトの学問的「確実性」と最大限の真面目さによって、社会科学の壮大な企図が実行に移されたのだ。フランスの理性による支配、ロシアの階級差別による排除、ナチの人種主義、フーコーによって描かれた規律訓練のメカニズム――これらはすべて、いわゆる「過激主義的な」学問や哲学、あるいはその双方によって支持され擁護された。今日、それらがより合理的に継承され応用されているさまをみることができる。つまり平和、社会的理解、自由への新カント派による普遍的処方箋に加え、世界的規模で拡大する自由市場である。もし真面目な学問とカーニバル的な理論のどちらかを選ばなければならない状況に直面したら、私はためらうことなく後者を選ぶだろう。

* la gaya scienza. ニーチェのいう「悦ばしき知識」。

第五章　プラトンへの最後の脚注——心身問題の解決

ルーマンのラディカリズムのなかでもっとも役に立つことの一つは——思い切って言わせてもらうなら——、二世紀半にわたって西洋思想界を悩ませてきた心身問題に対する説得力溢れる解決以外にない[1]、と私は思う。とはいえ、ルーマン理論の偶有的な性格を踏まえればすぐに、ルーマン理論があの心身問題の解決になっていると言っているわけではないということに気づくはずだ。この問題のルーマンによる解決は、必然的にその問題の偶有性から生じる。つまりそれは、ルーマン理論が関わる意味論の遺産や歴史の一部であるということだ。そもそも心身問題は実体的な問題というよりは概念的な問題である。いつもながら、「解決」とはただ観察上の構築物を意味しているにすぎない。そうした解決は、ウィトゲンシュタイン的な意味で、つまり術語の精度を上げることによって、またその結果、言語の「乱用」を縮減することによって、問題を「解決する」のである。

心身二元論の歴史はプラトン、つまり『パイドン』『国家』およびその他の主要著作にまで遡る。この二元論には少なくとも三つの次元がある。第一に、物的／知性的という異なる存在の仕方の間にある「存在論的」な区別がある。どんな存在であれ、物的であるか、知性的であるか、あるいはその両方の要素を含むか、である。第二に、異なる知の種類の間にある「認識論的」な区別がある。私たちはどんなものを知るのであれ、感覚を通じて知るか、精神を通じて知るか、あるいはその二つの連合を通じて知るしかない。そして第三に、私たちが何に価値をみいだし、ゆえにどのように生きているかに関する「倫理的」な区別がある。私たちが求めて生きるものは、物質的なものか、観念的なものか、あるいはその二つの混合物か、である。こうした区別は、『国家』における洞窟と線分と太陽の寓話《アレゴリー》においてもっともよく描かれているように、明らかにヒエラルキー的である。魂は肉体よりも、実質的に深遠な仕方で存在する（魂は不死だが肉体はそうではない）。思考は私たちを真理へと導くが、感覚的な知は私たちにただ現われだけを与える。そして物質的に価値あるものよりも道徳的に善きものを享受して生きることが、真の幸福への唯一の道なのである。

プラトンは他の著作で、三つの次元をもつこの堅固な二元論に、可能な限り修正を加えている（この点を指摘して、「ポスト二元論」的な思想家からの批判に対してプラトンを擁護する学者もいる）ものの、歴史的にいえば、それがキリスト教（聖アウグスティヌスほか）からデカルト、スピノザ、そしてカント、ヘーゲルにいたるまで、西洋主流の宗教や哲学のその後の展開に深刻な影響を与えたことは疑いようがない。こうした思想家たち一人一人が、プラトンの心身二元論の存在論的／認識論的／倫理的側面をいかに統合し、批判し、尖鋭化し、あるいは緩和したのか、その詳細を書こうとすれば、シリーズ本の全集になってしまうだろう。ホワイトヘッドが的確にも次のように言うとき、彼はいろいろな意味でまったく正しかったのだ。つまり、西欧哲学は基本的にプラトン――もっと正確にいえば、プラトンの三つの区別――への脚注をつけるのにずっと忙殺されていたのだ、と。

脚注の書き手たちの態度は、十九世紀に入ってかなり変化した。マルクスやニーチェのような著者たちによって、三次‐二元論（triple dualism）への反発はますます激しくなった。ヘーゲルやフォイエルバッハによって、観念論は表現形式の高みへとのぼりつめたが、衰退も必至だった。古いヒエラルキーは（すでにスピノザらによって問題視されていたが）、いまや公然と攻撃されるようになり、その価値は見直されねばならなくなった。ヘーゲルは（マルクスによって）すっかり逆さまにされねばならなかった。プラトンとソクラテスは（ニーチェによって）、哲学の衰退の廉《かど》で追及されねばならなかった。マルクスにとって、物質的なものが意識を規定するのであり、その逆ではない。西洋思想を苦しめた最大の誤謬の一つは、ニーチェが主張するように、身体的なものと精神的なものの関係を混乱させたことにある。質素な食生活を送っているだけなのに、「自由意志」によって身体に「ダイエット」を課している、と都合よく解釈するかもしれない。ニーチェは次のように言う、事実私たちは、まったく逆である真の原因と結果を自ら見えなくしているだけだ、たとえば頭でダイエットをつづけようと決心しても、身体がすでに病に冒され存分に食べられなくなっているから食べないだけかもしれないのだ、と。[2]

マルクスとニーチェは、それぞれ独自の仕方で、プラトンの三重のヒエラルキーを転倒させた。

マルクスにとって、私たちが経済的存在であることは、知性的存在であることよりは実体に即している。つまり私たちが物質的に存在する条件を理解することが、世界を精神的に理解することより根本的であるということだ。哲学者の真の倫理的責任は、もう一つの倫理的解釈を単に付け足すことにあるのではなく、物質的世界を変えることにあるのだ。ニーチェにとっては、精神より生理学こそ私たちを特徴づけるものだ。つまり生理学的に自分を知ることが、ただ魂についてつらつら考えることよりずっとおもしろい。そしておそらく彼にとってもっとも重要なことは、伝統的な「奴隷の道徳」を克服するために、生の力をニヒリスティックに制限する価値体系を構築するのではなく生理学を正当に認めなければならない、ということなのだ。

二十世紀に入っても、プラトンの三次−二元論の見直しはつづけられた。フロイトはニーチェの哲学を心理学の理論へと変換し、人間の存在が、個人的にも集団的にも、その生理学的本性、つまりセクシュアリティと消化機能から生じる無意識の「欲望」や願望や不安にいかに基づけられているかを「学問的に」浮き彫りにした。哲学では、生のエネルギーや身体に関する現象学が人気を博した（ベルグソン、メルロ＝ポンティ）。またその後、フェミニストと脱構築主義者の考えは、人文科学や社会科学に注ぎこまれ、ジェンダーの問題を焦点化することによって、古い「男根中心主義的」「論理中心主義的」なヒエラルキーの消滅に寄与することになった。

少なくとも学問の世界では、肉体に対する魂のプラトン的支配は概ね信用を落としているとはいえ、哲学的にいえば、長年にわたる心身問題が解決されたわけではない。伝統的な体制はすっかり打ち砕かれ、いまは精神と身体それぞれに対して、存在論的／認識論的／倫理的側面のいずれを先行させるのか（あるいはさせないのか）についてさまざまな道があり、どれを選択してもよい。しかし、哲学的な「文法」（ウィトゲンシュタイン的な意味で）に沿った古い語彙も依然優勢であり、しかもこのことは専門用語だけではなく、日常言語にもあてはまる。私たちは依然として、「脳《ブレイン》」という言葉を、「彼女がパパのブレインだ」（she is the brains behind Pa）*、「頭を使いなさい」（use your brain）といった文のなかで使っている。脳科学は、脳の中で生理学的に起きることが心の中で起きることをいかに規定するのか、つまり私たちがどのように考え感じているのかを実際に解明することができる、と未だ信じられているのである。また、私たちは多くの病気が心因性のものだと思っている。「ストレス」は不安を生み、不安は身体的な機能不全を生む。プラスの側面としては、心構え一つでスポーツの試合に勝つことも、またうまく動機づけされれば、身体的には敵わないような相手をしのぐこともできるだろう。三次－二元論は、専門領域でも日常生活でも、依然としてもっとも重要で一般的な存在論的／認識論的／倫理的概念である。魂による肉体の支配は、理論としてはもはや受け入れられない。しかし、世界は物的なものと知性的なものから成っている、私たちはものごとを反省か経験を通じて知ることができる、また物質的な価値あるいは理念的な価値にしたがって行為することができる、という共通の了解のようなものは依然存在する。この意味

*ボブ・ディラン「マギーの農場」（Maggie's Farm）の歌詞の一部。

で、プラトンの三次－二元論は、かつてと同じようにいまもなお生きているのである。

　近代西洋哲学は、心身二元論のヒエラルキーやダイナミズムを緩めることはできたが、それに代わるモデルを呈示することはできなかった——もっと正確にいえば、呈示しようとはしなかったのだ。精神的なものと身体的なものを心身の連続体へと統合せよ、また理念的なものの基盤として物質的なものを認めよという要求は、伝統的な心身問題の意味論内部では、依然として幅を利かせている。それに代わるような、また部分的に心身を関連づけるような新しい方策も出されてはいるが、そうしたものも存在論的／認識論的／倫理的問題を心身関連の用語で理解しようとする伝統的な形式にはまってしまっている。

　こうした意味論がずっとつづいたことによって、心身問題に貼られてきたいわゆる慢性疾患というレッテルが不朽のものとなってしまったのだ。たとえばデカルトは、「精神の情熱」（活動する身体に精神が受身的に従っている状態）を克服せよ、物質的なものを知性的に支配せよという要求にいかに実践的に従うか、それに答えようとするあまり、主体つまり考えるもの（res cogitans 思惟実体）が、もう一つの実体的に異なる主体つまり身体（res extensa 延長実体）を、具体的にどうやって支配できるのかを、何としてでも説明せざるをえなくなった。言い換えれば、精神は身体と実際どのように「連絡をとっている」のか、また身体は物理的にどうやって精神的活動を指示しているのか、ということだ。デカルトは、いまではかなり奇妙だと思われる大胆な仮説に行き着いた。彼は、精神には「脳の中ほどに位置する小さな腺にその第一の座」（いわゆる松果腺）と、それを機能させる力が備わっている、と主張する。精神は、「身体という機械[3]」を操縦するために、「動物精気」が放たれてさまざまな身体部位に（血液と神経を通じて）送られるようにこの腺を機能させるというのだ。しかしデカルトの指摘によれば、弱い精神はそうした統御ができるほどの力をもっていないので、操縦のメカニズムが逆に働くこともある。弱い精神の場合、身体は精神を受動性（「情念」の状態）へと無理やり押し込み、松果腺の動きを指示することによって統御することができる。たとえば、「情熱的」恋愛や怒りのただなかでは、こうして身体の衝動が知性を抑えることもありうる。

デカルトのモデルは、単純なサイバネティクス的機械論のかたちをとっている、すなわちそれは車と同じように能動的に操縦する部分と受動的に操縦されるもう一つの部分から成る構造をもつ。意識が十分にはっきりしていれば、私たちは運転している車をしかるべき方向へと動かすことができる。しかしもしハンドルを握っているときに酔っ払っていたり寝入っていたりすれば、操縦関係は逆転し、車が私たちを道連れにし、その動きを操ることになるだろう。ニーチェ、マルクス、フロイトによって提唱された心身（あるいは意識／物質）関係はデカルトのものよりは複雑だが、依然として機械論的サイバネティクスの水準にあり、能動や受動の状態、また統御しているあるいは統御されているといった状態のさまざまな程度について、あれこれ言っているだけだ。同様に、心身の相互関係に関する現代の学問的・一般的なモデルはほとんど、ある生理学的過程が精神的過程に与える影響（あるいはその逆）を概観、予測しようとするものだ。脳科学者は、どのような脳活動がどのような感情的・認知的効果を生むのかについて研究する。ポジティヴ・シンキングや認知療法によってどのように癒しを得られるのかを患者に教える心理療法家もいる。精神と身体の具体的な相互作用についてのデカルトの仮説は、いまではもう廃れてしまった。しかしそうした相互作用論自体は、心身のメカニズムを考える一つの選択肢として依然幅広い支持を得ている。このように、心身問題はいまだ解決されていないのである。脳は実際に精神をいかに操るか、あるいは精神は脳をいかに操るか、またお互いがお互いを心身相関的にいかに操るかについて、曖昧な考えならたくさんある。しかし松果腺に理論的にとってかわる、一般に受け入れられるような考えは一つもない。そうした操縦が起きるということは一般に想定されているが、それがどのように起きるのかはまだ誰も知らないのである。

　言い換えれば、現代の精神と身体の関係についての考えは、そのほとんどが——トマス・クーンの用語を使えば——一般的なデカルト的「パラダイム」の内部で機能する単なる「掃討作戦」である、ということだ。ルーマンは——再びクーンの用語を使えば——この種の「通常科学《ノーマル・サイエンス》」からラディカルに距離をとろうとした理論家の一人である。彼は伝統的なプラトンの三次-二元論に由来する機械論的モデルがずっと解くことのできなかった心身問題について、説得的な解決を呈示していると私は思う。

　ルーマンによる心身関係の「通常科学」からの離脱とそれにつづく心身問題の解決には、二つの要素がある。第一に、二元論に第三の概念、すなわちコミュニケーション（あるいは、コミュニケーションのシステムとしての社会）を付け加え、そうすることで二元論を、多元論とも理解しうる「三元論」へと変換した。第二に、この三つのシステム領野間の関係が、伝統的な機械論的操縦概念とどのように違っていると考えられるのかを説明した。ルーマンは、操縦という機械論的サイバネティクスを、「システム／環境」の布置関係という第二次サイバネティクスへと置き換えたのだ。まずルーマンの三元論／多元論について、次に第二次サイバネティクスについて述べよう。(4)

三元論／多元論

デカルトとは異なり、ルーマンは精神と身体を実体ではなくシステムだとみなしている。「システム」という用語の使用に、すでに存在論的視座から機能的視座への転換が示されている。システムはプロセスであり、静的なものではない。ルーマンのシステム－三元論は操作に関わるものであり、本質的な存在に関わるものではない。システムは機能的な実体であり、他のシステムとは操作的に異なっているゆえに区別されうる。システムはいわば、相互に結びついているひと連なりの出来事、つまり通時的に、共時的に、あるいは通時的にも共時的にも共に進んでいくひと連なりの出来事である。ルーマンが照準するのは、オートポイエーシス的で操作的に閉じたシステムである。システムがオートポイエーシス的であるということは、それが外部から生成・構成されるのではなく、自らを生成・構成し、自らを存続させ再生産する、ということである。システムが操作的に閉じているということは、その操作が他のシステムの操作ではなく、それ自身の操作とのみ結びつくしかない、ということである。

生物学的あるいは身体的なシステム、つまり生きているシステムの一例といえば、人間の身体である。人間の身体は、視覚システムや免疫システムなどのサブシステムを含んでいるが、そうしたサブシステムを、全体を構成している部分と混同してはならない(5)。生命システム内のすべての操作は、生化学的プロセス、ホルモン・プロセス、神経プロセスなど、生命に関わる操作である。それぞれのシステムは、それ自身の操作が、同様のさらなる操作へとつづいていくことによって機能する。たとえば免疫システムは、さらなる免疫反応によって機能しつづける。免疫システムが視覚操作によって機能しつづけるということはありえない。視覚システムが免疫システムの機能を引き受けることはできない、もちろん逆もありえない。システムは、いざとなったら取り替えのきく身体の「部分」や器官ではない。免疫システムを移植することはできない。また腕のように切断したり、盲腸のように摘出したりすることもできない。したがって、多くのサブシステムを含む生物学的な生《ライフ》－システムという身体観は、部分から成る全体として身体をとらえる機械論的な身体観とは、実質上まったく異なるものである。

生物学的システムの操作は、「神という時計職人」によって外部から命令されたり、操縦されたり、生成されたりするものではない。どんな生物学的システムも生命進化の結果であり、出来合いの機械のようなものではない。システムの変化は進化によるものだ。生命のさまざまな形態、たとえば人間ではない生命もさまざまに進化してきた。生命システムには視覚システムをもたないものもあるが、だからといってそのシステムに何かが「欠けている」というわけではない。生きていることにまったく変わりはなく、機能を果たし、再生産を行ない、（視覚ではない）認識を編み出すことができるのである。

心的システムの例としては人間の精神がある。精神的操作には思考、感覚、感情などがある。精神システムは、一つの精神がもう一つの精神の操作に直接干渉することができないという意味で、操作的に閉じている。人は誰かのかわりに考えたり感じたりして、その人の精神活動を継続させることはできない。また誰かが考えていること感じていることを、そのまま考えたり感じたりすることもできない。私たちは他者の言うことを聞き、その顔面に痛みや喜びの表情を見ることはできるが、彼らが考え感じていることをそのまま考え感じることはできないのだ。心的システムはオートポイエーシス的である。生命システムとまったく同じように、進化のプロセスにまきこまれ、環境の「揺らぎ」に身を任せる。しかしけっして機械のように、何らかの外的な主体によって創りだされたり操られたりしているわけではない。

コミュニケーション・システムとは、社会システムである。つまり社会はコミュニケーションの操作から成る。そうした操作は、話すことや書くこと、すなわち言語によって遂行されるが、他にもたとえば記号や身振りや顔の表情など、また金銭の支払、成績の評価、文書の発行、映像の制作、音楽の作曲、あるいは頬へのキスなど、実にさまざまな手段によって遂行される。社会システムもまた操作的に閉じている、そしてオートポイエーシス的である。教育システムにおけるコミュニケーションは、同種のさらなるコミュニケーションによって継続されるしかない。もし私が講義中に話すのをやめて、かわりに美しい歌しか歌わないと言ってきかなかったら、（ほどなく）解雇されてしまうだろう。社会システムは、近代のヒューマニズム的な物語とは違って、人間がつくったものではない。経済は計画できないし、法システムは、歴史上のある日、俊才たちの発明の結果として確立されたわけではない。法や経済やマスメディアのような社会システムも、生命システムや心的システムとまったく同じように、進化のプロセスを通じて現われ、たえず変化しつづけているのである。

オートポイエーシス的システムは必ずしも身体や精神や社会に限られるわけではない。ほかにも操作的に閉じているオートポイエーシス的システムがある、あるいは今後でてくるだろうということは想像がつく。ルーマン後期の著作では、精緻化はされていないが、たとえばコンピータ・テクノロジーに基づいて作動する新しいオートポイエーシス的システムが現われる可能性について、繰り返し考察している。(6) これまでのところ、コンピュータは、他の機械と同様、他者生成（アロポイエーシス）的に作動するものであり、自己生成（オートポイエーシス）的に作動するもの、つまり操作的に閉じているものではない。それは自己生成的、自己生産的なものでは（まだ）なく、その操作に直接介入することができる。たとえば、私はいまキーボードのキーを一つ押しているところだが、それによってあなたが読んでいる本がまさにいま生成されているのである。脳も社会システムも精神も、この本の執筆中に私がコンピュータを操るように、操られることはない。したがって、システムの第四カテゴリーの候補としてふさわしいのは、おそらく地球気候のような非生命的自然システムということになろう[7]。

理論上、心身二元論は際限なく多元論に置き換えることができる、とルーマンは認めている。それにもかかわらず、現時点で具体的にオートポイエーシス的システムの存在が知られているのは三つに限られる。すなわち、生命システム、心的システム、そしてコミュニケーション・システムである。

三つのシステム類型が操作的に閉じていることで、デカルトが身体と精神について思い描いていたような両者の相互的な操縦プロセスの可能性は排除される。一つのシステムの操作を他のシステムの操作と機械的に結びつけるような松果腺など存在しない。このことが、いわば一つ一つのシステムの操作的自律性、およびその機能的差異を保証する。こうして機能的分化が、プラトンやデカルトが考えていた実体的あるいは存在論的分化にとってかわる。精神-身体の二元論が存在論的および／あるいは実体的二元論だったのに対して、精神-身体-コミュニケーションの三元論は、機能的三元論である。ここにあるのは、実体的な区別ではなく、機能的な差異である。

マルクス——十九世紀において間違いなくもっとも該博な社会思想家——でさえ、伝統的な二元論を拡張し、それを三元論／多元論に置き換えることはできなかった。彼は、社会が観念的でも物質的でもなく社会的なもの、すなわち身体的あるいは精神的操作ではなくコミュニケーションによって構成される一つのシステムであることに思い至らなかったのである。

マルクスはヘーゲルの観念論的二元論をひっくり返し、それを唯物論的なドグマに置き換えた。マルクスにとって、物質的に「存在するもの」が意識を規定するのであり、けっしてその逆ではない。彼は、社会内部の物質的な側面（土地、物品、生産手段、貨幣、資本、財産といったもの）を観念的な側面（価値、イデオロギー、宗教的信仰、階級意識、知識といったもの）から区別した。この区分は、ヒエラルキーを逆転させたにもかかわらず、お互いを統御しようと争う物質的な力（たとえば経済）と観念的な力（たとえば法、宗教、道徳）を区別することによって、それまでの二元論モデルをきれいになぞってしまっているのだ。

マルクスは、経済の機能に関して、いわゆる物質的な側面と仮構《ヴァーチャル》的な側面との——システム論的な言葉でいえば、社会とその環境との——本質的な差異に気づくことができなかった。土地や物品や生産手段は、事実として、社会的ではない。ただ社会の物質的環境として存在している。それに対して、貨幣や資本や財産は、社会的である。仮構的な社会的構築物、すなわちコミュニケーション的構築物、もっとはっきりいえば、経済的構築物なのである。土地や物品や機械は、経済のない社会の内に存在しうる——経済的にコミュニケイトしていない、という意味で。たとえば土地は、貨幣や資本や財産が発達する以前には——「経済」という言葉の近代的な意味においては——まだ経済的な意味づけをもっていなかった。土地は、ずっと人々や動物を食べさせてきたが、「経済的」な観点から「観察」されたことはなかった。たとえば、ネイティヴ・アメリカンは、土地を売ることを要求するヨーロッパの開拓民と出会ったとき、まさに「売り」地という社会的構築物を理解することはできなかった。土地を経済的に観察するためには、そして土地を売買するためには、経済的なコミュニケーション・システム――そこで土地を売るという取引が有意味なものとなる――が存在しなくてはならない。土地の経済的意味づけとは、繰り返せば、土地の物質的特性の効果ではなく、経済のなかでその価値がいかに観察され社会的に構成されるか、という点にある。この意味で、経済は物質的ではない、つまりそれは社会的なのである。マルクスは、仮構的なコミュニケーションとしての経済とその物質的な環境（としての経済）との間にある決定的な差異を理解することができなかった。経済は、一つのコミュニケーション・システムであり、それは法や政治や教育等々によって構成される社会的環境および生命システムや心的システムの社会外的環境――つまり身体、木々、土地、人間の思考、感情、信念等々――の内部に存在している。

システム論的にみれば、マルクスの資本主義経済の分析には二つの欠陥がある。(1)社会システムとしての経済の機能に属するものと、それ以外の非社会的な環境に属するものを正確に区別できなかったこと、(2)さまざまなシステム領野間にはヒエラルキー的な操縦関係があるという、伝統的なサイバネティクス的な考えから脱却できなかったこと、この二つである。マルクスはまだ、一つのシステム、すなわち経済が、他のあらゆる社会の側面を決定し、それゆえ力学的に操ることができる、と考えていたのである。社会の下部構造（経済）と上部構造（その他のすべてのシステム）という伝統的なマルクス主義の用語が、この理論の力学的な骨組みを示している。社会は二つの基本的構成要素――つまり一つは統御するもの、他方は統御されるもの――からなる単純な機構として描かれる。したがって、いささかアイロニカルにいえば、二元論の遺産によって、マルクス主義のような革命的な理論ですら、伝統的なプラトン的社会概念に対して真にラディカルなもう一つの道を示すことができなかったのである[8]。

システム－環境の多様性――繋がりはない！

十九―二十世紀の社会理論に比べると、昨今の意識に関する理論の展開は――一般的なものも学問的なものも――二元論的なプラトンの存在論からはさらにラディカルな離脱を果たしているが、デカルト的な力学からは必ずしもそうではない。人々はごく普通に、精神的なプロセスは、生物学的およびコミュニケーション的な影響をともに受けている、と考えている。思考や感情は、脳のなかで起きていることだけではなく、社会生活で経験することにも何か関係がある、と信じられている。また脳内である神経伝達が機能不全に陥ったら、心的な健康にも通勤や家族生活を営む能力にも多大な影響があるだろう、とは万人の認めるところである。おそらく、身体的、精神的、社会的現象という三元論を考慮に入れることで、心理学的な常識はより複雑なかたちで発展し、現在の社会学的・政治学的な自己記述よりは、プラトン的二元論から距離をとることになったのだ。

心理学的な常識は、脳のなか、心のなか、社会生活のなか、それぞれで起きることの間で機能的分化が生じるという考えを受容しているように見える。しかしあいにく、デカルト的モデルときっぱり手を切るには、それを妨げるもう一つ大きな障害が残っている。

デカルトは松果腺をはっきりと精神の第一の座とよんでいる。身体のなかに精神の場があるというこの考えは、精神と身体と他のシステムの間の関係を体系的に理解する障害だったし、今もそうだ。古代ギリシアや古代中国では、心臓が人間の意識の第一の座であると信じられていた。現代世界では、脳にこの役割が与えられている。そのため精神に身体上の場所があるというイメージがまだ残っているのである。比喩としてだけではなく、実際に精神と脳は言語上よく同一視される。

座という身体機構によって二つの異なるシステムが結びあわされている、というイメージは誤解を招きやすい。それは、本来別々の二つの領域の間に、一応潜在的な支配という考えのほかに、因果的な関連があるということを、暗に示しているからだ。私が運転席に坐っているとき、ハンドルやアクセルといったさまざまな機構を通じて身体ごとそこに繋がっていることで、私は車の動きを制御することができる。私は、道路や空気のように、単なる車の環境ではない。車の内部に、車の中心に位置づけられているのだ。同じように、二元的だけではなく、三元的、多元的な力学のサイバネティクスを思い描くことができる。たとえば、脳のあるメカニズムを操作することによって精神プロセスを操ることが可能になると考えられる。おそらく脳科学者や精神科医のなかにはそう考える人もいる。あるいは、一部の行動科学者や精神療法家が信じたように、ある仕方で人々に行動を起こさせたり喋らせたりすることによって、精神プロセスを統御することができるようになるかもしれない。したがって、二元論からシステム的な三元論、あるいは多元論へと進んでも、それだけでは心身問題の根源的な解決にはまだ不十分である。これを成し遂げるためには、プラトン的存在論だけではなく、デカルト的力学を廃棄しなければならない。

システム理論は、より適切には、システム‐環境理論とよばれるべきだ。ルーマンにとって、システム／環境の区別とは、主体／客体の区別にとってかわり、それに付随する古典的認識論を刷新するものである[9]。これは少なくとも二つの重要な結果をもたらす。(1)能動的な主体が受動的な客体を「一方的に統御する」という考えは、「サイバネティクス的円環[10]」を描くシステム間の相互的フィードバック効果という考えにとってかわられた。(2)内から接近可能な主体を外から客観的に見るという考えは、システムに属する操作とその環境で起きる操作の区別にとってかわられた。「システム」と「環境」という言葉は、相互に依存している。環境は客観的に存在するわけではなく、ただある特定のシステムとの関係においてのみ存在する。つまり、環境というものはけっして、環境それ自体として存在するのではなく、ある一つの具体的なシステムにとってのある一つの具体的な環境として存在するのである。同じように、システムもシステムというものとしてそのままそれ自体で存在することはできず、ただ環境の内部においてのみ存在しうるのである。システムは自律的に作動するが、環境のないシステムなどその存在を想像することさえできない。したがってシステムは完全にその環境に依存しているのである。

ここで再び次のことを強調しておこう。システム理論はたいていシステムを――ほかにより適切な言葉がないという理由で――環境の「なか」あるいは「内部」にあるものとして語る。だがその事実にもかかわらず、これをデカルトの第一の座という考えと混同してはならない。システムはその環境のなかに、特定の場所という意味で座をもっているわけではない。すなわち、あまりに単純な例かもしれないが、魚は水のなかに第一の座をもつわけではない、ということだ。システムが環境のなかにあるということは、それが他のシステムが機能しているときに同時に機能するということだ。水のなかの魚より適切な例は、免疫システムである。免疫システムは身体の内部にある、と言ってもよい。しかしそれは身体のなかに第一の座があるということではない。免疫システムは、身体という複雑な環境の内部にのみ存在しうる。つまりそれは、血液循環、消化過程、呼吸活動がすべて同時に機能することなしに働くことはできない、ということだ。しかし、免疫システムとその身体環境の繋ぎ目となる松果腺、あるいはそれらしい他の腺などどこにもない。繋ぎ目という考え方こそ、システム／環境の区別がもはや必要としないものなのだ。そしてまさにこの繋ぎ目の問題を、デカルトの心身二元論は説得力をもって解決することができなかったのである。

免疫システムが身体に何ら特定の座をもたないように、精神もまたそのような座を、心臓にも脳にもその他身体のいかなる場所にももっていない、とシステム理論は主張する。もちろん家族にも仕事にも宗教にも、社会のいかなる場所にも、そのような座はない。精神には——それを人間の精神システムだと理解する限り——どんなかたちであれ座などというものはない。しかし、それは環境のなかでしか機能できない。環境とは、もっとわかりやすいことばでいえば、他の厖大な数の生物学的・社会的システムが同時に機能しているという状況のことである。免疫システムが身体のなかにその座をもたないということは、それが身体的環境の外側で存在しうるということではない。

同じことは、非生物学的システムとしての精神にもいえる。精神の座の探求は、デカルトを範とする心身二元論の伝統に固有の機械論的サイバネティクスが生み出した幻影である。この伝統ときっぱり手を切りさえすれば、その座は単なる妄想と化す。

あまりに単純な心身二元論に代わって、システム理論が提唱するのは、同時に作動する複数のシステムという高度に複雑な多元論である。脳でさえ「一つ」のシステムではない。私の知る限りでも、電気、ホルモン、神経、化学、血液循環、細胞等々、脳の活動を構成する機能は厖大な数にのぼる。脳は、さまざまなシステムの機能が、きわめて複雑に、生物学的・体系的に配置されたものである。脳全体と精神の間だけではなく、脳で機能する特定の生物学的システムの間にも、あるいはそうした特定のシステムと精神の間にも、それとわかるような「繋ぎ目」など存在しない。

人間の脳は、身体的環境でも社会的環境でも働いている。言語の獲得、認知の発達、感情の活動等々それらすべてが、（脳を含む）身体のなかで起きていることだけではなく、社会的な経験にも大きく関わっている。そしてここでも、社会のなかに精神の第一の座はなく、精神のなかに社会の第一の座はない。家庭のなかで、職場で働いているとき、あるいは貨幣を使って、私たちがどのようにコミュニケイトしていても、それを精神へと繋げる腺などどこにもない、また逆も真である。

向精神薬の薬を呑めば、身体に効果が現われるだろう。薬は人がどう考え感じるかに影響を与え、ひいてはそのことが、社会においてその人がすることや、どんなふうに喋るかということにまで影響を与えるだろう。同様に、心理療法家と話すことは、人がどう考え感じるかに影響を与え、それがまた身体や脳にも影響を与えることになる。身体的、社会的、精神的システムは同時に機能し、互いが互いの環境となっているのである。

同時に存在するシステム－環境関係の複雑性や多元性、またその間にいかなる力学的繋がりもないということを考慮すると、一つのシステムで起きることが別のシステムで起きることに与える影響は、限定的であり同時に非限定的である。限定的であるというのは、因果的繋がりがないとすれば、その影響を正確に予測することはできないからだ。非限定的であるというのは、その影響が他の多くのシステムに対して、まったく意図されていなかったさらなる影響を生みだすことがありうるからだ。たとえば、向精神薬の薬物療法におけるいわゆる副作用の問題が、この恰好の例証となる。「副作用」という概念は、誤解を招きやすい。なぜなら「副作用」とは、単に「余分」であるためにどういうわけか完全には効果だとみなされないような他のさほど重要ではない効果と同じように、ある薬を呑めば身体（すなわち脳）を通じて精神にある特定の機械的効果がもたらされる、ということを示しているからだ。しかし、主要な効果と副次的な効果の区別は、まったく恣意的なもので、単なる意味論的身振りにすぎない。副次的な効果も主要な効果とまったく同じように、効果であることにかわりはない。たとえば、コンピュータのキーボードでyの文字を繰り返し押すと、その効果として、画面にたくさんのyが現われる。また時間の経過とともに、キーボードに印字されたyがだんだん見えにくくなる。この場合、意図された効果と意図されなかった効果を区別することはできても、副次的な効果と主要な効果を区別することはできないだろう。

「主要な」ものであれ「副次的な」ものであれ、効果に対する期待はすべて満たされるにちがいないという（薬の外箱を素直に読めば当然導きだされる）推論は、かなり疑わしい。向精神薬の薬物療法に期待される効果は身体のなかで起きるもの（脳におけるある化学的プロセスの変容）だとしても、身体で期待されるこの効果が精神でも期待される効果（不安の解消）を生むかどうかを予期することはきわめて難しい。ましてや、身体内の一つのシステムの効果（脳内の化学物質）が、他の身体の機能（たとえば性交渉能力）に何をもたらすのか――とくにその長期的な影響――を予測することはさらに難しい。たいていの場合、呑んだ薬に関してこれまで知られていない副作用が、一定期間の服用ののちに現われるにすぎない。もっといえば、ある薬の精神的・身体的効果が、次にその人の社会生活にどのような影響を与えるかを予測することなど不可能である。不安の軽減と性交渉能力の低下がともに、人の家庭生活や職業生活、またお金の使い方に与える影響とは、いったいどのようなものなのだろうか。システム－環境関係というもう一つの次元を加味するなら、薬の服用と同時に他の生活領域で起きることは、完全に統御不能である。その患者は、まだ診断はついていないが、何かのがんを患っているかもしれない。インフルエンザに罹っているかもしれない。税金が上がって財産が目減りするかもしれない。自分には荷が重いと感じられる地位へ昇進するかもしれない。恋に落ちるかもしれない。二週間雨が降らないかもしれない。そしてこうした出来事のどれかは、薬の服用という出来事と共鳴するだろう。また逆も真である。もちろんそうした薬を呑んでも効果がないとか、いや悪い効果があるとか、あるいはそもそも薬を呑むべきではないとか、そういうことを言っているわけではけっしてない。ただ、薬の服用が、松果腺の力学というデカルト的モデルと多少なりとも同じように作用すると思いこむなど、虚構以外のなにものでもない、と言っているだけだ。人間の身体は車のようには動かない。それは、多くのさまざまなシステム領野を超えて広がる、高度に複雑なシステム－環境の結びつきのなかに埋めこまれているのである。

精神的、身体的、社会的システムは（またおそらくそれ以外のシステムも）、因果的結びつきを――ルーマンの言葉でいえば――断ち切る複雑なシステム－環境関係へと統合されている[11]。ゆえに、厳密にいえば、薬を呑むことが、何かの「原因」になることはない。ルーマンの用語法では、それは厖大な数の身体的、精神的、社会的なシステムのプロセスを「刺激」し「攪乱」する。こうしたすべてのシステムのプロセスが、絶え間なく相互的共鳴を生み出しているのである。世界はこのあとずっと同じではない、だとすれば、少なくともこれは、そうした刺激や攪乱のきわめてありそうもない効果であるということになろう。因果律という伝統的な概念は、システム－環境関係に関してはかなり疑わしいものとなる。ビリアードゲームに関するヒュームの有名な因果律の考察と似てなくもないが[12]、社会システム理論は原因－と－結果の関係を、主として帰属だとみなしている。原因と結果は客観的なカテゴリーではなくシステムの構築物であり、それは「副作用」という疑わしい概念についても明らかだ。観察される原因と結果は、他のすべての観察と同様、観察するシステムとその観察手段に依存する。処方薬の服用の効果は、医師、患者、精神薬品会社、医療保険会社等々によってさまざまに観察されることになる。これがその効果だというようなものはなにも存在しない。医師のプロとしての評判、精神薬品会社のバランス・シート、患者の消化システム、その精神状態、その妻との性生活に対する効果等々が、効果のすべてなのである。そうした効果は、それを知覚するさまざまなシステムに備わっている観察能力にいかに依存しているか、ということだ。どのような効果にも、副次的な効果に対立するものとして、主要な効果とか本当の効果などというレッテルを貼ることはできない。そうした帰属は、観察によって何が主要なものに、また何が周辺的なものに分類されるかに完全に依存している。副作用とは、根本原因と同じく、意味論的あるいはイデオロギー的構築物なのである。

医療専門家はこうして——気象学者やビジネス・コンサルタントとまったく同じように——、おそらく自分でも気づかないうちに、多くの社会理論や哲学専攻の大学人よりはるかにポスト・プラトン的、ポスト・デカルト的になったのである。医薬品の専門家たちは、統計学の発展の結果、心身二元論や根本原因を信じるかわりに、単純きわまりない二元論や原因‐結果モデルを大部分捨て去った。さらに彼らは、専門的に扱っているものごとなら統御できるという信念をも捨て去った。そのかわりに彼らが手にしたのは確率の操作である。北アメリカでは多くの場合、医者は患者に手術の成功確率を知らせる。気象学者は明日雨の降る確率を、ビジネス・コンサルタントは事業でどの程度の利益が見込めるかを教えてくれる。つまりこうした人々が、暗黙のうちに、システムの多元性およびシステム間に因果的繋がりがないことを、静かに受け入れたのだ——たまたま自分たちのすることが何らかの望ましい結果を生むこともあるし、また自分たちの推定が大体正しいこともあるがそうではないこともある、ということを。彼らは、自分たちが導き出した確率があくまで蓋然的な確率にすぎないということを知っている。この意味でルーマン理論は、現代社会の多くの専門家たちが――私たち大学人とは異なり――もはやこれ以上まったく読む必要のない、プラトンへの最後の脚注なのかもしれない。

ルーマンは伝統的な心身－三次－二元論を見事に解決した。第一に、観念的／物質的という存在論的な区分のかわりに、システムの機能の種類には、少なくとも三つ（潜在的にはそれ以上）の区別がある、とした。三つとは心的システム、生命システム、社会システムである。この三つは、世界をヒエラルキー的な存在構造ではなく、いかなる特別な秩序ももたないシステム－環境関係の複雑な配置へと分割する。第二に、知識の二類型の間にヒエラルキー的・認識論的区分があるのではなく、観察の諸類型の間に分化がある、とした。システムは観察するシステムであり、システムそれ自体は自らとその環境に関する知識や認知を生みだす内的能力をもっている。特権的な観察の場など存在しない。知識が議論の余地のない結論や予期を生む能力を与えるわけではない。観察はひとしくその操作的様式に依存している。第三に、システム理論から、観念的／物質的価値という倫理的区別やそれにつづく規範的処方箋の定式化を事実上排除した。システム理論は、少なくともルーマン的な形式においては非倫理的、非道徳的で、どのような特定のシステムに対しても倫理的な優劣をつけない。たとえば、知性が身体を抑制するべきだ、といった伝統的な道徳的命令を反復することはないのである。

第六章　エコロジー的進化――社会創造論への挑戦

相対的にいって、ルーマン理論にはあまり目立たないラディカルな側面がある。その一つが、進化論を社会学に適用したことである。進化論が、少なくとも北アメリカの原理主義プロテスタントの集団以外では、もはやさほどスキャンダラスなものだと思われていないという点を考慮すれば、これはいささか奇妙な指摘に思えるかもしれない。同じことは生物学にもいえるが、ルーマンが進化論を社会理論に応用したことは、きわめて挑発的なことだと私は思う。ルーマンは社会的ダーウィン主義者ではないし、ハーバート・スペンサーともほとんど共通するところはない。とはいえ、彼の進化論的アプローチは、たいていの場合歴史的にキリスト教的観念を世俗化し継承していると理解される有力な自由主義的・人間主義的社会観とはそりが合わない(1)。ダーウィンが人間を「創造の王」だとみなすキリスト教的観念と断絶したように、ルーマン理論は人間中心主義的な社会の見方とは完全に手を切っている(2)。このように、ルーマンのラディカルな進化論的社会観（それはポスト・ダーウィン主義の進化論生物学者であるマトゥラーナとヴァレラによってはっきりとかたちづくられた）は、主流の人間主義的、ポスト・キリスト教的社会理論からみれば、ダーウィンの生物学理論がかつてそうであったのと同じくらい攻撃的なものとなる可能性を秘めている。

ルーマンにとって、進化とはシステム－環境関係の複雑な共進化として現われる。ダーウィンの言葉でいえば、進化とは互いのために環境を構成する種たちの進化である。エコシステムでは、きわめて多様な生《ライフ》－システムが、中心も普遍的な操縦メカニズムもなしに共在している。一つのエコシステムの内部で、あらゆるサブシステムが共に進化する。一つのサブシステムの変化、たとえば湖水の酸素レベルの変化は、湖の植物を「攪乱」し、そこで進化上の変化を引き起こす。またこのことが、魚の進化上の変化をも引き起こす。こうした進化上の変化は、水などの化学組成にふたたび影響を与えるだろう。こうしたことがらのすべてが同時に起きる。共進化とは、同時に進化する複数のシステム間に、永遠にフィードバックの力学が働くということだ。変化が変化のきっかけを与える変化が変化のきっかけを与える変化が変化の……ということだ。

そうした基本的な進化論モデルは、創造論の中心的な考えと矛盾する。創造論では、何よりもまず、創造や（知性による）設計という、外からの、最初の行為があると考えるからだ。共進化するエコシステムは、自己生成的、自己包含的であり、設計されたものでも、またいかなる特定のアプリオリなインプットに基づくものでもない。進化論と創造論の差異は、こちら側の内在論とあちら側の超越論（あるいは超越論的理論）の差異とパラレルである。現在の社会理論はもはや超越的ではなく、社会現象について神の起源に言及することもあまりない。しかし一方で社会理論は――カントの用語でいえば――超越論的理論であり、ゆえにいわば一種の世俗的な社会的創造論の様相を呈している。

不幸なことに、英語の学術用語では、超越的（transzendent）と超越論的（transzendental）という カントによる基本的な区別がほとんど無視されており、この二つの用語が頻繁に、同義語として、あるいは互換的に使われてきた。しかし、カントはとりわけ「超越論的」という言葉を、自らの哲学をそれ以前の超越的形而上学から区別するために使っている。彼にとって「超越的」とは「経験を超えている」こと（たとえば神は「超越的」である）を意味し、「超越論的」は（唯一の、あるいは一つの）「存在の可能性の条件」であるという意味で経験に先立つものをさす。「超越論的」とは、この意味でアプリオリなもの、すなわちあらゆる経験的なものに先立ち、一切の経験的なものの「混入がない」ものである。現代の多くの社会理論は、もちろん超越的ではないとはいえ、ポスト・カント的な意味では依然として超越論的な社会理論である。そのような理論は、根源的に内在的でいかなるアプリオリな社会的原理も許さないラディカルで進化論的な社会理論とは、本質的に相容れない。

ホッブズ、ルソー、ハバーマス、ロールズなど、近現代の社会理論は、「超越論的」だといってよい。そうした理論は少なくとも仮説として、社会がある種のアプリオリなメカニズムの上に、あるいは契約、理性への信頼、公正の定義のような社会内的合意の基盤の上に打ち立てられている、あるいは打ち立てられねばならないと考えているからだ。社会が手にできるとみられているのは、それ自体社会的な何かではなく、社会が十分に機能するためのアプリオリな条件である。社会は、一定の原理を忠実に守ればこうしたモデルにしたがって、ただ適切に上演されうるというわけだ。こうした原理はほとんどの場合市民的原理だと広く信じられている。つまり人間の本性、自由意志、人間の理性、人間の権利等々のような人間の特質にとくに関連している。このように、超越論的な社会理論は、本来的に人間主義的なもの、もっと正確にいえば、人間中心主義的なものである。ルーマンの社会理論は、ダーウィンの進化論と同じく、そうではない。

創造論と進化論の重大な違い、それは計画という観念にある。創造は、無作為でも不随意でもない。そこには意図性がある。行為と行為主体がある。この行為主体は超越的であるかもしくは超越論的である。前者の場合、行為主体は神性的なものすなわち神であり、後者の場合は、現世的なものである。しかし進化論は、聖なる行為主体も世俗的な行為主体もともに否定する。エコシステムが意図的に進化することはありえない。エコシステムは、神の意志を上演しているわけでも、自ら行く道を自由に決めているわけでもない。ルーマンの社会理論は、まさにこの文脈で、ハバーマスによって「メタ生物学的」であると批判されてきた。[3] なぜなら、進化生物学に倣って、超越的な行為主体だけではなく超越論的な行為主体と意図性を否定しているからである。このために、ルーマンの社会理論は——ダーウィンの理論が十九世紀の生物学の状況においてそうであったように——スキャンダラスなものとなったのである。人間にはもはや自らを成長させる能力はない。人間はただ、高度に複雑なシステム - 環境の絡まりあいのなかの一要素にすぎないのである。進化を真摯に受け止めることは環境という考えを真摯に受け止めることであり、したがって意図性や計画性、自由意志といった概念を弱体化させることになる。ポスト・カント的、超越論的、人間中心主義的な社会理論はどれも、設計や行為主体の能力をある特権的な種に帰属させている限り、真にエコロジー的なものではありえない。

旧来の超越論的な社会理論は、ルーマン理論のようなラディカルにエコロジー的・進化論的な社会理論とは相容れない。ハバーマスのような、進歩的で、ある程度(少なくとも彼ら自身の見解では)左翼的な多くの社会理論家たちは、支配の構造のない非ヒエラルキー的な社会、すなわち平等な社会をめざして苦心惨憺しているが、脱中心主義的な思想家に分類されることはけっしてない。こうした理論家たちは、たいてい社会において政治(あるいは経済、あるいはその両方)が果たす中心的な役割を認めている。もし社会が、ポスト・カント的な意味で、合理的に自らの未来を決定するものであるなら、この展開を指示する中心的な計画主体が必要だ。この主体は、ハバーマスの場合と同じく、民主的なもの、つまり集合的で非抑圧的で非権威主義的なものであるはずだが、それにもかかわらず、何らかの社会的中心を備えていなくてはならない。それは社会が正しく進むことを保証するために、法や経済、教育や宗教等々にある種の権威を振るわなければならないからだ。進化論的な理論家であるルーマンは、こうした中心主義的な見方に抵抗した。そのかわりに「非中心主義的に世界や社会を捉える、複中心的(ゆえに複文脈的)な理論を展開」したのである。[4]

エコシステムは中心をもたない。進化はどのようなサブシステムであれそれが与えるどんな指針や指令にも従うことはない。サブシステムは、それぞれのシステムが進化の行く末の決定に貢献する権利をもっているという意味で、平等であるわけでも民主的であるわけでもない。サブシステムは生き残りをかけて争い、結局そのほとんどが、自らの未来やシステム全体の未来を計画できないということで、簡単に消滅してしまうのだ。進化プロセスに固有の制度――システムが訴えることのできる制度、たとえばその消滅に対して不正義だ、不公平だ、非合理的だと不平を言ったりすることのできる制度――は存在しない。したがって、進化論を真摯に受け止める社会理論は、もしそうした制度が未だ存在しない、あるいは未だ完全ではないなら、少なくともそれが存在するように、完全なものになるように切望されるべきだと考える社会理論家たちを失望させるだけではなく、ほとんど攻撃することにもなるだろう。しかし進化論がそうした切望を考慮することなどない。

近代の社会理論は、社会は二重の意味で自らを明らかにしうるという啓蒙の希望に根ざしている。つまり社会は自らをもっとはっきりと知ることができる、少なくとも潜在的にはほぼ完全な自己理解を獲得することができるという意味であり、また社会は自らをさらに輝かしく、つまり倫理的に、または実践的に、あるいは倫理的にも実践的にもより善く幸福にしようと努力することができるという意味である。進化論は、ある意味で、反啓蒙主義的な理論である。なぜなら理論上こうした達成をどちらも排除しているからである。徹底的に内在的なエコシステムには、生物学的であれ精神的であれ社会的であれ、いわば自らを照らす光源のスイッチがない。ルーマンがよく指摘しているように、観察するシステムは、逆説的だが、しばしば、それが見ることのできないものだけを――

また他のシステムが見ることのできないものを――見ることができる。* 観察システムは他のシステムの盲点を看破し、それによって自らについて何らかの結論を導き出すことができるのだ。すべてを白日の下にさらすことは、理論的には不可能である。光と影は、比喩的にいえば(ダオイズムに言及すれば)、進化的文脈のなかで互いを構成している。何かを見ているということがまさに、すべてを見ているということではない。観察する能力には同時に、逆説的だが、観察の限界、したがってその不可能性が含まれているのである。

進化にともなうこの部分的な盲目性はまた、ある倫理的・実践的な盲目性を意味している。すべてを見ることが不可能なら、すべてにとって何が良いことかを見極めることもまた不可能である。自らを知ることができない、また自らの未来を知ることができないエコシステムは、最終的に何を望めばよいのかもまた知ることはできない。現在の人類が、未来の人類にとって何が良いことなのかを、いったいどうやって知ることができるのだろうか。ある種にとって明るい未来は、ダーウィンの理論によれば、他の種にとっては必然的に暗い未来となる。自らを照らす社会という啓蒙主義的な幻想を共有している社会学者や哲学者は、社会理論にこうした見方を適用することに心底狼狽するにちがいない。

自らを照らすという企図に直接結びつく啓蒙主義の主要な物語は、進歩への信念だった。(5) 人間が自らを照らすプロセスとしての啓蒙主義は、認識的にも実践的にも、まったく必然的に、改良へと向かう。自然科学はさらなる知識をもたらす。つまり新しい技術は私たちの能力や生産性を強化し、物質的な生活を向上させる。そして社会科学には、私たちが政治的・経済的生活を合理化・最適化できるように、社会工学の専門知識を提供することが期待されていた。その結果教育は、私たちが――カントの有名な表現を使えば――「自ら招いた未成年状態」から脱却する手段だとみなされてきた。後にヘーゲルやマルクス、フランスの実証主義者たち（コントほか）は、光への歴史的行進――すなわちより偉大な人間の自己‐現実化＝理解へと向かう必然的な進歩――という壮大な十九世紀の記述を、こうした二重の意味において、つまり認識論的にも実存的にもみいだしたのである。

十九世紀は歴史主義の世紀と称されてきた。このことは、生に固有の歴史性やダイナミズムが焦点化されたことだけではなく、歴史科学の可能性が信奉されていたことを示している。(6) 歴史は最終的に、それをつくった人間によって理解されるはずだ。歴史の法則――それは過去において社会的発展を、実際にそれを担った人々がまったく知らないうちに形成してきた――を確認しようと試みた人物としてまっさきに挙げられるのはマルクスだろう。歴史の趨勢を十分に分析すれば、人類は

＊ルーマンがよく言っているのは「システムはそれが見ることができるもののみを見ることができる」あるいは「システムはそれが見ることができないものは見ることができない」ということである。したがって、ここで著者の言いたいことは、おそらく、観察システムは自分自身については、観察しているときには盲点あって、「見ることができるもののみを見ることができる」（見ることができるものしか見ることができない）が、他のシステムの盲点を観察することができるので、それによって「自分が見ることができないもの」を見ることができる場合もある、ということだと思われる。

ただ歴史に押し流されていくのではなく、実際に歴史をつくることができる、と考えられていた。歴史を単に解釈するかわりに、歴史的な知を駆使した社会科学によって、私たちはただ歴史に従属するのではなく、歴史を変えることができるだろう。この意味で、マルクスにとっての解放は、歴史の解放でもあった。つまり人類はいまや、歴史によって決定されたり支配されたりするのではなく、歴史を決定し支配することができるのだ。進歩は、より良い状態への発展だけではなく——おそらくそれよりさらに重要な——自己意識の運動をも意味するようになった。進歩はしたがって、人類自身の意志によって、また人類が予め定めた方向に向かって、意図的かつ能動的に前進しつづけていくことを意味する。

　歴史の進歩という啓蒙主義の物語にはほどなく疑義が出された。ニーチェは歴史を系譜学に置き換えた。ニーチェも、彼に多大な影響を受けた二十世紀の多くの主要な思想家たちも（とりわけフロイトやフーコーが思い浮かぶ）、進歩という観念についてあまり楽観的ではなかった。一方で、こうした思想家たちは、私たちがいま在るのは、これまで在ったことの結果であるという考えを十分に認めている——ヘーゲルが簡潔に述べているように、本質とは、在ったところのものである（Wesen ist, was gewesen ist）(7)。他方で彼らは、歴史の道筋を合理的に改善する可能性への信奉を実際には共有していなかった。簡単にいえば、歴史から進歩を引いたものが系譜学だと定義できるだろう。遺産を理解するということは、必ずしもそれを変えたり統御したりできるということではない。遺伝工学は実のところ、系譜学的な視座からみれば、社会工学の試みと同じくらい無駄なものだということになろう。遺伝子的に操作された食物が実際にどのくらい改良されているのかきわめて疑わしいのと同じように、歴史的知識を社会的進歩へ変換するという試みによって、いったいどのくらいの改良がもたらされたのかは疑わしい。

この意味で、ルーマンの社会的進化論は、十九世紀の歴史主義的社会理論とも、ダーウィンの生物学的進化論とも根本的に異なっている。ダーウィンにとって、同時代の歴史主義者たちと同じく、生物学的進化は進歩の物語だった。進歩とは「適者生存」のことだった。適応することは――現代の一般的用法では――良いこと、少なくとも適応しないよりは良いこと、という意味を含んでいた。同様に、自然淘汰とは悪いものより良いものが選択されることだった。ダーウィンは、時間をかけて生命体を完全なものにしようとする「人間のささやかな努力」に比べて、自然淘汰がいかに、「計り知れないほど優れているか」はっきり指摘している。[8] ダーウィンにとって、たとえば人間による馬の飼育より自然のほうが、生物学的な発達をもたらすことにはるかに関係している、ということなのだ。このように淘汰による改良に焦点を合わせれば、ハーバート・スペンサーの社会理論が「社会的ダーウィニズム」とよばれてきたことは正しい。なぜならそれは進化を進歩だと、すなわちより良いものへと向かって発展することだとみなしているからだ。

ルーマンは、この意味の社会的ダーウィニストではない。彼にとっての社会的進化は、ダーウィン以後の生物学者にとっての生物学的進化のように、社会的進歩と機械的に同一視されるものではない。[9] 機能的分化は、社会的進化の一つの結果であり、一般的に階層的分化や環節的分化より「すぐれている」わけではない。進化は目的的なものではない。進化は、その部分的な盲目性ゆえに、目標を定めることができない。さらに、中心的な力や社会を前進させる要素（マルクスであれば、プロレタリアートとその前衛としての共産党）が欠けているため、歴史が進むであろう特定の道筋を予期することができないのだ。

ポスト・ダーウィンのエコロジー的進化論は、生物学においても社会学においても、歴史主義的というより系譜学的なものである(10)。それは「起源」あるいはその固有の遺産を理解しようとはするが、啓蒙主義の進歩の物語を継続することはない。それは種をそれぞれの長所にしたがって学問的に価値づけることを差し控え、社会システムや社会構造に優劣をつけない。だからといって、すべての生物学的システムや社会システムが同等だと主張しているわけではない。価値判断にもとづいて物語を構築することを差し控えるということだ。価値判断をしないということは、すべてのシステムにひとしく価値があると主張することではない。

ポスト・ダーウィンのエコロジー的進化論にとって、発展は、生物学的であれ社会学的であれ、必然的ではなく偶有的である(11)。しかし偶有性という言葉は曖昧だ。偶有性とは次のことを意味している。他の選択肢がひとしく可能であったにもかかわらず存在しているということ、またその前に存在していた状態の結果として――「〜にかかっている」という意味で――存在がもたらされる、ということである。つまり、一方でヒエラルキー的秩序をもたない複数の選択肢が同時に存在することを意味し、他方いまあるものとかつてあったものの間に恣意的ではない結びつきがあることを意味するのだ。馬が存在するということは——進化の可能性はいつでも極端に多様であるとすれば、他の種が現われて馬が絶滅するということも十分考えられたという意味で——生物学的進化の結果である。しかしそれはまた、現在の馬という種の存在は、実際に起きたたった一つの特定の進化の展開へ、系譜学的に遡ることができるということを意味している。ルーマンは、進化によって現に存在しているどんなものも、そのかわりに起こりえたかもしれない無数の展開を考えれば、とうていありそうもなかったことだ、とよく強調している。このことは、現に進化の結果として在るすべてのものが進化のなかで果たした重要な役割を、いささかも損なうものではない。馬が現に存在しているということは、進化的な必然ではない。だがいま馬が存在している以上、馬は進化のさらなる展開に影響を与え、それによって進化の可能性を制限する。株券や債券のようなものが社会的現実にもたらされたということは、歴史的な必然ではなかった。しかしいま株券や債券が存在している以上、さらなる経済的進化、したがって社会的進化は、その存在にかかっているのである。

ルーマンのエコロジー的系譜学は、歴史意識を非ドグマ的な多元論と合体させる。進化論の文脈では、偶有性という概念は歴史的遺産も未来の未規定性もともに肯定する。つまり現実に起きていることの重要性を確認することと、その偶然的な性格を承認することの両方を伴うのである。すべては違っていたかもしれない、しかし賽が投げられてしまった以上、後戻りはできないのだ。前へと進む道には選択肢がある。それは予め決められてはいないが、いま現在の状況によって相対的に限定されているのである。

歴史主義的な進歩の理論家たちは、進化論的系譜学の理論家たちとは異なり、世俗的創造論者の目的論的幻想をどこかで共有している。少なくとも潜在的に、歴史の進む道が計画されているとすれば、そして私たちがこの道筋を知っていてかつそこへと導くこと、少なくともそこへ進むように促すことができるなら、ラディカルな偶有性は受け入れ難い。創造論者や歴史主義者にとって、歴史の道筋にはある特別な、必然的な意味がある。偶有的な意味だけがあるのではない[12]。歴史に意味があるということは、歴史を貫く何らかの筋道があり、それが何らかのかたちで計画として明らかにされ、それとわかる設計図もあり、ゆえにどこかへ辿り着くことが決まっている、ということだ。進化論的系譜学は、進化には意味があることは認めているが、この意味の形成は内在的な進化の構築物、すなわち絶え間なくつくりかえられていくダイナミックなプロセスなのである。

系譜学的な進化のプロセスからみると、発展はアプリオリでもなければ目的論的に決定されているわけでもない。「意味」(sense)は、言語的には「意味」(meaning)の代わりになる語である。「意味」(sense)は、「成される」というが、一方、「意味」(meaning)は、何かが意味を「持つ」という。* 複雑なシステム－環境関係から成るエコシステムにおいて、意味は単数形ではない。システムは、一つの意味をもたない、またある一定の方向性を追求するいかなる意図ももたない。ある種にとって意味を成すものが、必ずしも他の種にとって意味を成すとは限らない。また一つの種や生物学的システムの発展がとる進化の方向性は、その環境における他の種やシステムがとる方向性とは一致しない。たとえば、人間の身長は、ここ数世紀の間に平均してかなり高くなっている。だからといって、他の種が同じように身長が高くなっているわけではない。また進化が一般に高さをめざしているわけでもない。それにもかかわらず、人間の身長が高くなっていることは、間違いなく人間の身体のさまざまなサブシステムに刺激を与え、一定の進化の展開を引き起こすきっかけになる。そして生物学者はその進化の展開を跡づけ、そこに意味をみいだすことができるだろう。身長が高くなるということに（たとえば、完全な人間の身長に近づくといった）一般的な意味はないが、この変化によって生物学者たちは人間の身体（たとえば筋肉システム）における多くの進化上の変化の意味を明らかにすることができるだろう。また社会学者も、長いサイズのベッドが生産されるようになったという社会学的な変化がどうして起きたかを説明することができるだろう。社会システムの理論家は、家具のサイズが豊富になったことの意味を明らかにし、マルクス主義者たちは、拡大しつづける資本主義経済におけるこの展開の意味を看破し、そして自由主義者たちは、それを消費者の選択が自由になったことを示すものだと理解するだろう。

歴史的進歩の軌道を定めようとする伝統的な歴史主義者たちの試みは、進化論的には、人間の身長における「進歩」の軌道を定めようとする生物学的な試みに匹敵する。生物学的には、人体の高さの増大を、進化論的な目標への前進だと考えることは、尋常ではない。人間生活の生物学的発展

＊ make sense（意味を成す）と have a meaning（意味をもつ）という英語上の表現の違いを前提にした叙述で、日本語にするとあまり意味はない。なお本書では、sense を「意味」と訳し、meaning は文脈に応じて「意味」、「意味づけ」と適宜訳し分けている。

を改善し純粋化するという考えは、実際に二十世紀ヨーロッパにおいて、あの忌まわしい社会生物学的実験の一つとして行なわれた。そうした生－政治的な企図は、ダーウィン以後のエコロジー的な進化観とは、まったく一致しない。エコロジー的進化論は、何が望ましく何が望ましくないのかという価値づけを回避する。発展の方向を見定めることも、進化の前進にどうやって寄与すればよいかを助言しようとすることもけっしてない。啓蒙主義的な視座からは、こうした無関与な態度は批判されるかもしれない。しかし今までのところ、生物学的進化や社会的進化がそれぞれの目標に少しでも早く到達するよう手助けしようとする試みは、実際にさまざまな問題を引き起こしてきたのである。

もしルーマンの社会理論に、ハバーマスがそうしたように、「メタ生物学的」というレッテルを貼るなら、誤解を招かないように、この言葉は「メタ創造論的」ではなく「メタ進化論的」を意味するということを付け加えるべきだろう。ハバーマスのような社会理論家は、終わりなき「啓蒙のプロジェクト」およびその世俗化された創造論の理想のもとに研究を行なった。しかし、ルーマンはまったく違うラディカルなパラダイム、つまりエコロジー的進化のパラダイムに賛同したのだ。

第七章　ポストモダン的現実主義としての構成主義——差異の教え

ルーマンは多くのラディカリズムをまとっているが、そのなかでもラディカル構成主義[1]（radical constructivism）は異彩を放っている。そうした自己規定は、学術的にいえば、ルーマンの多くのラディカリズムのなかでもさほど論争的ではないものである。なぜなら、彼以前にも、ラディカル構成主義を奉ずる人々はいたからだ。[2]ルーマンは「構成主義」という言葉がいささか不必要に拡大していることを、「認識論の最新の流行」とよび揶揄している。ラディカリズムはいったん流行になってしまえば、もはやとりたててラディカルというわけではなくなるので、おそらく自分がその時流と結びつけられてしまうことを危惧したからであろう。[3]ルーマンは、かなり定着したためもはやラディカルとはいえなくなってしまった知的動向からなんとか距離をとることによって、逆説的にではあるが、自らのラディカリズムを強調したかっただけともいえる。彼は、ラディカル構成主義をアイロニカルにのみ取り入れることで、彼自身のラディカルな独自性を掬い出そうとしたのかもしれない。ルーマンのラディカル構成主義をラディカルたらしめているものは、ある種の自己超克を遂行するその能力である。結局、ルーマンの構成主義はあまりにラディカルであるため、同時に現実主義《リアリズム》（＝実在論）になってしまう、ということだ。簡単にいえば、ルーマンの構成主義は、ある構成が構成するものが現実である、あるいは裏を返せば、現実とはある構成が構成できるものである、と説く。現実主義と構成主義は対立しているのではなくお互いをその内に含んでいるのである。その差異は崩れ、両者は一致する。

いかにしてそのような一致が可能なのか。この論点に関するもっとも重要な論文は「構成としての認識」である。まさにこのタイトルにはっきり示されているように、構成主義は、ルーマンにとって一つの認識論であり、ゆえに存在論ではない。一方現実主義は、構成主義的認識論と平和裡に共在しうる存在論である。ルーマンのラディカル構成主義は現実主義的な存在論に立ちはだかるものではない。それは、ルーマンの「システムが存在する」（Es gibt Systeme）[4]という言明から明らかだ。これは社会システム理論の第一公理の一つである。この公理にもかかわらず、ルーマンは理論の存在論的側面を強調しないように慎重に気を配り、むしろ認識論のほうに照準した。実際、存在論は存在と非存在の理論的区別という論点において時代おくれであり、もはや第一義的な重要性をもたない、と彼は考えていた[5]。

ルーマンは用語として存在論という古臭い西欧的な概念を嫌っていた。それにもかかわらず、ルーマンの「システムが存在する」という言明は、それが学問的あるいは理論的な研究対象すなわち事態（ドイツ語でいうSachverhalt）[6]をさす限り存在論的である、と言って差し支えないだろう。

前期ウィトゲンシュタインとほとんど同じ言葉で、ルーマンは現実、あるいは在るものを、成立していること、と定義している。[*][7] ルーマンの存在論はゆえに、「成立していること」として観察されたものについての現実主義的な存在論である。構成主義は、現実を構成する観察をもたらしうるメカニズムを認識論的に分析する。このように構成主義は、カントの用語でいえば、現実の「可能性の条件」を記述する。そしてこの点において、理論的に存在論に先行するものである。ルーマンにとって理論的にもっとも関心のあることは、在るものをないものから存在論的に区別することではなく、そうした存在論的区別をするための認識論的な基盤がそもそもどのようなものであるか、その輪郭を描くことであった。

この文脈において、それでもなおルーマンは、カント（やヘーゲル）と違って、観念論者ではない。[8] 認識は、ルーマンにとって、意識と同等のものではありえない。ルーマンの認識論は機能主義的なものである。それは、認識をもつにしろもたないにしろ、実体に関わるものではない。言い換えれば、心や精神のシステムだけが、観察能力をもつわけではない、ということだ。生きているシステムも社会的なシステムも同様に観察するシステムであり、精神的、生物学的、コミュニケーシ

＊ウィトゲンシュタインの用語、事実（Tatsache）、事態（Sachverhalt）に、著者はそれぞれ、actuality、fact という英訳を当てている。本書では、fact を『論理哲学論考』の内容と関連がある場合およびルーマンの用語（Sachverhalt）として使われている場合にのみ事態、それ以外はすべて事実と訳している。なお野矢茂樹訳『論理哲学論考』（岩波文庫、二〇〇三年）を参照。

ヨン的プロセス以外にも多くの観察の様式が存在するのである。現実は観察の効果である。しかし観察は実体的には規定されない。（ドイツの）観念論者にとって、認識論は究極的にある実体の探求、すなわちカントの『純粋理性批判』における理性やヘーゲルの『精神の現象学』(9)における精神や意識といった実体の探求である。ルーマンの認識論はそうした「観念的」な概念に根をもっていない。ルーマンの存在論はその認識論の結果として記述されうるが、観念論者たちの認識論はその存在論の結果として記述されうるのである。

　ルーマンは、その一般理論の輪郭を描いた最後の著作『社会の社会』の題辞として、スピノザの『エチカ』第一巻公理二「何か他のものによって考えられないものは、それ自身によって考えられねばならない(10)」を選んだ。私が思うに、おそらくルーマンはこの文に構成主義的認識論の宣言を読みとったのだ。超越的にも超越論的にも現実に近づくことができないなら、現実的なものは何であれ、構成的自己-概念しだいである。天から与えられた現実はなく、現実が必然的に導きだされるいかなるアプリオリなメカニズムもない。ルーマン理論は、スピノザの理論のように、ラディカル内在論の一つである。つまり、現実的なもの、あるいは「成立していること」は、どんなものとして現われても、内在的な構成の効果である、ということだ。現実《リアリティ》は、現実的になるために、自らを構成しなくてはならない。現実を構成する営みは、認識的な観察の営み、それ「自身の達成」、あるいはドイツの構成主義者の言葉でいえば、固有の働き（Eigenleistung）である。

　ここで、強調しておかなければならないことがある。ルーマンはカントやヘーゲル、そしてスピノザとは違い、形而上学者ではないということだ。彼は自らを社会学者とみなしている。ルーマンは、オートポイエーシスの理論に加えて、認識論的構成主義を、進化論的生物学や第二次サイバネティクス、すなわちどちらかといえば応用分野から借用している。ルーマンにとって、システム「自身の達成」という現実の構成主義的な自己‐概念は、まず何よりもコミュニケーション的、つまり社会的である。ルーマンのラディカル構成主義は、ラディカルな社会構成主義なのである。ルーマンの理論が扱う(彼のウィトゲンシュタイン流の現実の捉え方である)「事態」は、社会「固有の働き」である。これが、『ゲゼルシャフトのゲゼルシャフト』という曖昧なタイトル――文字通り社会の社会と訳されている――が主張していることだ。すなわち社会は、社会的現実一般として、社会的構成「自身の達成」である、つまり区別をすることによる観察あるいは認識の一形式としてのコミュニケーション「自身の達成」である、ということだ。色覚の現実が色を識別する能力の一つの効果として現われ、色覚の色覚として記述されるのとまったく同じように、他の社会とははっきり異なる一つの社会の現実は、コミュニケーションのさまざまな区別の一つの効果として現われ、社会の社会として記述されうるのである。

社会の現実が社会的構成の効果であるなら、こうした構成の記述も内在的な社会的構成である。ルーマンの内在的認識論は、結果的に内在的存在論となる。社会的に構成された現実は、この現実を記述する理論を含め、社会内的現象である。超越的観念論や超越論的観念論とは対照的に、ラディカルな認識論的構成主義は、自らも、また社会におけるあらゆる規範的かつ価値的規準も――それらを規制的な観念やコミュニケーション概念の構成要素だとみなすのではなく――「社会自身の達成」と考えることができるのだ[11]。

ルーマンの社会構成主義は、それが同時に現実主義であるにもかかわらずラディカルなのではなく、現実主義であるがゆえにラディカルなのである。ルーマンの構成主義的現実主義は、自由意志や人間の合理性や権利といった諸観念の社会的現実《リアリティ》を否定しない。しかし、カントからハバーマスやロールズにいたる社会理論とは異なり、まさにその現実が偶有的な社会的構成の内在的効果である、と明言する。これにより、ラディカル構成主義は現実的なものの現実を否定している、と非難することはできなくなる。ラディカル構成主義は、そんなことは言っていない。現実の認識は、いわば「現実的な現実」(real reality) である、と言っているだけだ。言い換えれば、一般意志や人権や理解の合理性といった概念が前面に出てくるとすれば、それは、これらの用語が指し示すとされていることがらが社会的現実を構成するからではなく、そうした言葉を使用する言説が社会的現実を構成するからなのだ。

社会の記述的分析は、それ自体が記述されたものの効果であり、いかなるアプリオリな社会規範や価値規準も手にすることができない。ルーマンが選んだ表現を使えば、「このように、認識論者は、彼/彼女自身が迷宮の鼠となってしまい、彼/彼女自身が他の鼠をどこから観察するのかについて考え直さねばならなくなる[13]」ということだ。そのままルーマンの表現を借りれば、これは鼠の現実を否定するものではなく、鼠の観察は、それ自体むしろまれな社会的現象であり、まさに鼠が観察されるように、次にはその現象が観察されるものになる、という事態を認めるということなのだ。ラディカルな構成主義者は観察者を観察し、それによって自己記述的に、内在の迷宮といったもの（あるいはドゥルーズの言葉では「内在の平面」）を措定することになる。

カントやハバーマスのような理論家は、迷宮の鼠を見て、それで現実や現象を超越論的に見ていると思っているのだ。ルーマンは、以下のような奇妙な事実について考察している。つまり彼が鼠を観察しているという事態、そしてこのことによって――それが一部を成し、それ「自身の達成」だと説明されねばならないような――社会的現実が構成される、という事態である。説明されなければならないのは鼠というよりむしろ、そこに現実を発見するために誰かが鼠を見ている、という奇妙な現実のほうなのである。もっと専門的な用語を使えば、ルーマンはこれを「自己記述的」、構成主義的、認識論的なものとして、以下のように記述した。「認識がどのように自らを考察するのかにかかわらず、そもそも現実というものは「そこにある世界」に在るのではなく、むしろ認識の操作それ自体に在る」。さらに、誤解を避けるためにいうなら、ルーマンという社会理論家にとって、社会におけるこうした認識の操作はコミュニケーションであり言説である、ということだ。ルーマンが「現実は意味創出によってシステムの内部で生成される」というとき、それはルーマンの存在論のきわめて簡潔な要約になっている(14)。

構成主義的な「意味創出」を基盤にした現実主義的存在論に固有の特徴は、ほとんどの古典的（パルメニデス的、プラトン的、ポスト・プラトン的）な「弁証法的」存在論（つまり簡単にいえば「統合」をめざすような存在論）とは異なり、現実が最終的に一つの、単一の、自己同一的なものであるとはもはや仮定していないという点にある。ルーマンの存在論は、こうして多の上に立つ一という議論を選好する伝統的な哲学からきっぱりと手を切ったからこそ、「ポストモダン的」なものに分類されうるのだと私は思う。デリダと同じく、ルーマンは、同一化ではなく差異化の理論家である。[15]『社会システム理論』の序言に記された印象的な脚注で、ルーマンは（同一性／差異の使い方の違いについて）こう述べている。「注意深い読者なら、私たちが同一性と差異の同一性ではなく、その差異について議論していることに気づくだろう。ここに以下の考察が弁証法的な伝統と――折に触れ気づかれることになるその類似性にもかかわらず――袂を分かつ地点がある[16]」。一冊の本全体が、この主題をめぐって書かれている。それは、ルーマンが同一性から差異へと優先順位を変えたことによってどのような理論的帰結がもたらされたのか、という問いに答える試みである。[17]

（少なくとも私にとって）興味深いことは、同一性／差異の区別に対するこの基本的な再評価が、ウィトゲンシュタインまで遡りうるということだ（基本的な存在論的概念としての Sachverhalt という言葉のルーマンによる使用がそうであるのとまったく同じように）。ウィトゲンシュタインの伝記のなかで、レイ・モンクは、一九四八―四九年にダブリンで交わされたウィトゲンシュタインと彼の主治医モーリス・ドゥルリーの会話に言及している。ドゥルリーの回想によれば、彼は次のようなことを言ったという。「ヘーゲルはいつだって、違うように見えるものが実際は同じものなのだ、と言いたがっているように私には思えた」。それに対してウィトゲンシュタインは次のように答えたという。「それなら私の関心は、同じに見えるものが実際には違っていることを示すことにあるのだ」。レイ・モンクは次に、ウィトゲンシュタインは「本〔『論理哲学論考』〕の題辞に、『リア王』(第一幕第四場)からケント伯爵の台詞「違いを教えてやろう」を使おうと考えていたのだ」と付け加えている[18]。

ルーマンにとって(おそらくウィトゲンシュタインにとってもそうであるように)現実の構成は差異の構成から始まるのだ。「マークのない空間」(unmarked space)は現実が出現するために破れなければならない。「区別を設けよ!」(Draw a distinction)とは、数学者ジョージ・スペンサー＝ブラウンによって造りだされた金言であり、ルーマンもよく引用している。ルーマンにとって、認識論的な区別を設けることによって確立された差異は、「弁証法的な伝統」とは異なり、存在論的に先行するものである。事実上、このことによって、ラディカルな差異化の存在論が生まれる。簡単にいえば、現実はいかなる同一性の形式にも還元されない、ということだ。現実はいわばどうしようもなく多元的なのである。現実が認識的観察の偶有的な様式の効果として現われるなら、それはお互い比較不能な多元的な仕方で現われることになる。ルーマンの構成主義的認識論は、したがって(多元的世界ではなく)多元的現実の存在論となるのである。

＊プラトン『国家』におけるイデア論の一つ。

社会理論について、ルーマンは還元不能な差異の優位性を強調し、多元的に同時に存在する社会的現実という概念を導いた。一方で、一つ一つの社会システムはそれ「自身の達成」として社会的現実を構成しうる。『国家』におけるソクラテスの社会構想やハバーマスの言説共同体のような統合的な社会構想とは異なり、ルーマンの理論では、社会は（善や正義のような）統合をもたらす観念や、一般的な合理性から導きだされる規範に基づいているわけではない。ルーマンは近代社会の「システム合理性の分離」について語っている。[19] つまりすべての社会システムは、ルーマンの言葉でいえば、それぞれのシステムの合理性を生成するのであり、それらを一つにするような、最低限の共通項も存在しない。ルーマンは、近代社会に対する自分の考えは「システム合理性についての差異－理論的概念へ凝縮されうる」と主張する。[20] ただ、そうした「差異－理論的」な多元的合理性が、カントからハバーマスにいたるこの語の啓蒙主義的な意味において、いったいどのように合理的であるのかは、問われてしかるべきだろう。

機能的分化を基盤に社会が現われるとき、多様な合理性が現われ進化する。法的合理性は政治的合理性とは異なり、政治的合理性は経済的合理性とは異なる……。システム－環境の共進化という文脈では、これらすべての合理性はたえず変化している。こうした比較不能な合理性とともに、比較不能な現実が現われ進化する。法的現実は、政治的現実とも経済的現実とも異なる。こうしたすべての現実は終わりなき変化に晒されている。現実が異なるように見えたり感じられたりするように、また現実がある特定のエコシステム内部で異なる有機体に異なる影響を与えるように――そして現実が結果的にそこに含まれるすべての異なる有機体にとって実際に異なっているように（ある湖の現実は、そこに棲息する魚に対してよりも、そこに繁茂する植物に対してよりラディカルに異なっているものだ）――、社会的現実は、専門的、学問的な社会理論を含む、すべての社会的なサブシステムに対して異なっているのである。学問的、理論的な社会の自己記述から現われる社会の現実が、「唯一最高の」社会的現実であるわけではない。それはただすでに存在している現実に追加されたもう一つの現実にすぎない。社会的な複雑性を一貫した社会理論のかたちへ理論的に縮減することによって、社会的現実は、他の社会的構成が達成されたので必然的にその複雑性を増大させることになる。それは、行政的な複雑化を減じるために行政的な単位を新しく創って行政的な構造の複雑性を減じようとすると、必然的に現実の行政的複雑性が増大することになるのとまったく同じである。

　学問システムから一つ具体的な例を挙げよう。私はいまルーマンについてこの本を書いている。それは彼の理論を明らかにし、その理解を一つにまとめるような包括的な解釈を提示し、その意味、価値、成果について一致した見解をもたらすためである。しかし実際は、この本が世に出てしまえば――学術的に、したがって社会的に成功すれば――、今度は解釈を施されることによって、ルーマン理論の受容に関して複雑性が増すことになるだけだ。私の本が社会的に成功するためには、したがって逆説的だが、必ずやその目標が達成されず、意見の一致をみてはならないのだ。

　もう一つ似たような例を挙げよう。カントの『プロレゴーメナ――学問として現われうるであろうすべての将来の形而上学のための』が形而上学的に（形而上学の専門書として、したがって社会的コミュニケーションとして）成功したのは、ひとえにそれがタイトル通りの本にはまったくならなかったからであり、に・も・か・か・わ・ら・ずではない。この論考は、「学問として現われうるであろう将来の形而上学」の始まりではなく、逆に、そうした思い上がった形而上学的試みの終わりを画するものである。この論考以降、学問的な形而上学の歴史、いやもっと正確にいえば系譜学が書かれるようになったのである。それこそこの論考のもっとも重要な功績である。ヘーゲルの言葉でいえば、それは反転した世界あるいは逆さまの世界（verkehrte Welt）の論理にしたがって機能したのだ[21]。カントは、形而上学に基礎づけの根拠を与えることによってその将来の展開を決定したというより、形而上学者という愚か者たちの船に乗り込み、形而上学の現実を近代社会の進化における一つの奇妙なエピソードとして見ることを可能にしたのだ。カントは新しい学問の創始者となるのではなく、「すべての将来の形而上学へのプロレゴーメナ」という企ての愚かさを最終的に明らかにした哲学者だとみなされるだろう。カントは、ハバーマスや彼の歩みをたどった人々と同様、こうした「社会的存在論」を理解することはできなかった。現実は、観察され記述され分析されることによって、それが観察される前に複雑であったよりも、さらに複雑になるのである。

ここで私たちは、「弁証法的伝統」について、もっと正確にいえばヘーゲルについて、「折に触れ気づかれることになる類似点」の一つに偶然にも行き着いた。もしドナルド・フィリップ・ヴァレーヌが正しいなら、「逆さまの世界」というヘーゲルの概念は、彼と同時代の代表的なロマン主義作家ルードヴィッヒ・ティエックの同名の芝居のタイトルから借用したものである。この芝居は、さらに昔のドイツ文学の作品、セブスティアン・ブラントの『阿呆船』(一四九四年)と関連づけられる。[22] ヴァレーヌの読解によれば、逆さまの世界というヘーゲルの概念は、こうした関連性を前提に、アイロニカルであることを意図したもの、カントらの学問としての哲学において繰り広げられるグロテスクな自己矛盾や自己論駁を暴露するためのものだったのだ。そうした哲学は、現実の秩序を規定しようと試み、かえって混乱させただけだった。

ヴァレーヌは、ティエックと『阿呆船』を通じて、『精神の現象学』におけるヘーゲルの哲学史の論じ方にアイロニーの水準があることを発見した。同じように、人はルーマンの現実主義的な存在論にアイロニーの水準を発見せずにはいられない。現実が比較不能なほど多元的であり、現実のいかなる観察もただこの多元性に付加されるだけだとすれば、存在論がある程度の自己論駁を含むことは避けられない。ルーマンの存在論が完全であるかぎり、それは、逆説的に、不完全なものなのだ。カント(そしてハバーマスのような社会理論家)の存在論とは異なり、ルーマン(そしてヴァレーヌに従うなら、おそらくヘーゲル)の存在論はアイロニカルなものである。その知の本質は、少なくとも部分的には、その逆説的な限界と矛盾を意識的に示すことにある。同一性ではなく差異に基づく存在論は、相異なるさまざまな存在論の可能性を含んでいるはずであり、したがってそこには必然的にそれ自身の偶有性の証明も含まれる。カントの『プロレゴーメナ』は、現実を規定し、そこからパラドクスを取り除こうとする真摯な試みを示すものだが、ルーマンの理論は、そうした試みがなぜ――自らのものも含めて――本質的に逆説的であるのかを明らかにする試みである。

けれども私は、ルーマンの構成主義的な現実主義が、ただ構成主義的であるというだけで現実主義を欠いているわけではないと考えるのとまったく同じように、ルーマンのポストモダン的多元論的な現実主義が、ただ多元論的であるというだけであまり現実主義的ではない、とも思わない。同様に、ただアイロニカルでパラドキシカルであるというだけで十分に現実主義的ではない、という非難があれば、私は反対する。逆に、ラディカルに多元論的でパラドキシカルな現実を十分に説明できる現実主義は、伝統的な存在論より現実主義的だ、と私は思っている。逆さまの世界というアイロニカルなヘーゲルのテーマを繰り返そう。もし現実が実際に逆さまなら、この逆さまであることを説明できる存在論は、それを元にもどすことができるとうそぶく存在論より、当然現実主義的である、ということだ。

ルーマンの差異の存在論の考察を締め括るにあたって、もう一度ウィトゲンシュタインに立ち戻ろう。『論理哲学論考』において、ウィトゲンシュタインは現実（あるいは「世界」）を「成立している」すべての事態の総和であると考えた。現実は、したがって、ものではなく、観察の効果から成る。前期ウィトゲンシュタインでは、何であれ成立していることすべてのものの確立を可能にする観察の様式は、言語、とりわけ純化され論理的に正しい首尾一貫した言語であった。しかし、後期の著作では、こうした前期の方法に「深刻な誤謬」があったことを認めている。[23] ウィトゲンシュタインは、人工的に純化され論理的に一貫した言語、私たちに「成立していること」をはっきりと見る可能性、またそれゆえに同じように首尾一貫した世界や現実を打ち立てる可能性を与える言語の確立をめざすかわりに、今度は「日常言語」に関心を寄せたのだ。彼は、現実の言語は必ずしも一貫しているわけでも純粋なわけでもない、という事実を受け入れるようになった。『論理哲学論考』の人工的な「言語ゲーム」は事実を明らかにしたのではなく、世界にもう一つのテキストを加えることによって、単に哲学をするもう一つの方法になっただけだ。前期のウィトゲンシュタインは、現実世界を描く方法として、言語の純粋性に固執した。後期のウィトゲンシュタインはそれを糾弾し、言語のなかに存在する――たいていは首尾一貫しない比較不能な――差異に没頭するようになった。これが、題辞として「違いを教えてやろう」を選んだ理由だと私は思う。

『哲学探究』のあるところで、ウィトゲンシュタインは、表面がツルツルしすぎていてとても歩けない「滑る氷」に乗ってしまった、という譬えを使って自分を責めている。彼は駆り立てられるように「ザラザラした大地へ」もどろうとした。(24) 私の理解が正しければ、ウィトゲンシュタインは「日常言語」というザラザラした大地へ」と言っているのだ。つまり、『論理哲学論考』が描いた人工的に純化された言語というあまりにも滑らかでツルツルした大地から離れる、ということだ。ウィトゲンシュタインは、論理的一貫性と同一性に基づく言語哲学から、差異と多元性の言語哲学へと舵を切ろうとしていた。言語と「成立していること」は、ゆえに世界あるいは現実は、平坦なものではない。それは「ザラザラした大地」なのだ。

ルーマンは言語哲学者ではなかった。彼は社会理論家であり、それは彼にとってコミュニケーションの理論家であることを意味していた。言語は、コミュニケーションを作動させることのできる手段の一つであるにすぎない。それにもかかわらず、ルーマンにとって、現実の、日常的なコミュニケーションは「ザラザラした大地」でもあった。平らな表面にするためにザラザラした大地を磨き立てようとすることは、ハバーマスにとっては意味があっても、ルーマンにとっては無意味なのだ。ウィトゲンシュタインはこう言った、完全に平らな氷のような表面は、ある意味で、理念的な大地だとみなすことができる——しかしそこは誰も歩くことができない大地なのだ、と。(25) 私が間違っていなければ、同一性ではなく差異に基づけられたルーマンの社会的現実の構成主義的存在論は、社会やコミュニケーションや現実を「平らに」しようとするカントやハバーマスのような伝統的「合理主義的」理論家たちの試みとは対立する。そうした一見理想的な社会はあまりに非現実的で、誰も住むことはできない、とルーマンは思っていたのである。

第八章　ユートピアとしての民主主義――政治の脱構築

ルーマンは「人民の支配」という意味で民主主義が存在するとは信じていなかったが、現代社会に「民主主義《デモクラシー》」と名づけられた支配の様式があること、この用語が通常政治システムのある「特定の構造的な配置(1)」をさすことは否定しなかった。つまりルーマンにとって、民主主義は廃棄されるべき用語ではない、ということだ。それどころか、民主主義は、実際にそれが意味しているものではまったくない何かを語っている。民主主義の考えは今日の世界における政治の機能を記述するにはかなり不適当に思えるが、それにもかかわらずこの用語は、政治を行なう一つの特定の方法を表わしている。しかし、人民の支配でないとすれば、それはいったい何を表わしているのか。社会学的にいえば、「実際に存在する民主主義」とはどのようなものか。この問いに対するルーマンの答えは、三つの部分から成っている。第一に、政治の一類型である民主主義は、権力行使の一形式、もっと正確にいえば、社会における「集合的に拘束力のある決定」を確立する一つの形式を意味する。第二に、さらに具体的には、一つの政治構造を意味する。それがあるから、政府と野党の継続的な交替が可能になり、それによって政治システムは――システムの持続性維持に有効であるとされている――安定性と多様性のバランスを何とか手にすることができるのである。第三に、象徴性を意味する。それによって政治システムには、集合的に拘束力のある決定を恒久的に確立するという社会的機能の遂行を可能にするためにもっとも必要なもの、すなわち正統性が与えられる。

政治権力は、ルーマンによれば、集合的に拘束力のある決定をする権力である。この権力は通常政府に在る。これらの決定は、何を身につけるべきか（たとえば頭に）という規定から、学校で教えること、月旅行の申込みにいたるまで、社会のあらゆることに関わっている。そのような決定はある特定の政治的意思を表わし、この意思を表わし実行する権限を与えられている政府によって行なわれる。そのような政治の定義は、民主主義的な政治を含め、ラディカルなものではなく、むしろ常識的なものである。しかし、社会システム理論の文脈では、また機能的分化論との関係においては、いささかパラドキシカルな結論、つまり政治権力はそれほど強力ではなく、政治決定はそれほど多くのことを決めているわけではない、という結論を導く。

この二つの結果について、現在の民主主義に（唯一ではないが）かなり関連の深い政治的な意思決定の領域から二つの事例を挙げて、論じよう。すなわち政府による規制と戦争行為である。公的制度を規制する権力は――たとえそれが他のシステム内で機能する場合でも――政治システムに在る。それは、大学や病院、法システム、そして経済でさえ――たとえば民間銀行や他の企業を支援することで――政治的に規制することができる。それにもかかわらず、少なくとも民主主義的な条件の下では、その規制する権力は同時に他の非政治的な権力を生みだすことになる。つまり教育システムや軍隊システムや経済シテスムを政治的に規制することによって、当のこうしたシステムには、自らの思い通りに機能する権限が与えられる。政治権力の行使は、ゼロサムゲームではない。それはすべての社会的権力を吸い上げるのではなく、ダイナミックな社会的権力の構造を強化するのだ。たとえば、人々に狂気か正気かを宣告する権力は、政府ではなく病院にある。学校には人々を卒業させたり、させなかったりする権力がある。裁判所には人々に有罪か無罪かを言い渡す権力がある。経済には人々を裕福にしたり貧乏にしたりする権力がある。こうした権力がそのまま政治権力であるわけではない。機能的分化という条件の下で、政治システム内で集合的に拘束力のある決定を打ち立てる権力が、その社会内的／社会外的環境によって作動する複雑な社会的権力によって必然的に制限をうけることになるのだ。それは、たとえば、法や学問の権力だけではなく、自然(石油埋蔵量は無尽蔵ではないといった事実)の力によっても制限される。機能的分化、つまり厖大な数のオートポイエーシス的な社会的サブシステムが共在しているという条件の下では、社会的な中心、したがってまた社会における絶対的な権力の中心は存在しない。権力の拡散は、単純に中心－周辺構造になるのではなく(中心－周辺構造がまったくないと言っているわけではない)、権力のフィードバック・メカニズムの高度に複雑な集合をもたらすのだ。政治的な権力は、法的権力、経済的権力、メディアの権力等々を規制／制限すると同時に、それらに規制／制限されるのである。

同じように、重要な決定、たとえば戦争を始めるという決定をする政治システムの権力は、その決定がなされた後に何が起きるかを決定する権力と混同されてはならない。戦争を宣言する／しない権力は、明らかに、誰が戦争に勝つかを決める権力、いやもっといえば、戦争を終結させたいときに終結させる権力にはならないのだ。機能的分化という条件の下では、決定に関わる社会的要因の数を統御することはできない。戦争を始めるという政治決定は、他のシステム、つまり繰り返しになるが、経済システムやメディア・システムや法システム等々によってなされた決定に対して、あれこれと反応するさらなる政治決定を必要としているだけだ。政治システムは、社会における独占的な権力ではないし、同じく決定の権力を独占するものでもない。政治システムはただ政治決定を独占的に行ない、政治権力を独占的に行使するが、こうした独占は、同時に進行中の他のシステムによる意思決定や権力行使の文脈のなかに存在しているのである。この意味で、政治決定は、究極的には何の決断も決定もしていない（そして他のいかなるシステムの決定もしていない）。ただそうした政治決定によって、政治システムがさらなる決定をすることができるようになるだけである。ひとたび軍隊を他国に送るということになれば、そこで何をするのか、そこにどのくらい留まるのか、軍隊は増強されるのか削減されるのか等々といったことを決定しなければならない（決定できるし、当然決定するだろう）[2]。いうまでもなく、こうしたあらゆる決定によって、今度は必然的に政治権力がさらなる決定を生みだすようになるのだ。

政治システムの権力が無力であり、最終的な決定を下す能力をもたないことを示す例としては、昨今の地球温暖化問題がある。気候の変化を促進する、あるいは食い止めると考えられる政治決定が深刻に求められている。しかしいったいどうやって政治システムは気候を「統御」できるのか。戦争が地球温暖化に何をもたらすかは、戦争がテロや医薬品に何をもたらすかと同様、まったく予測できない。メディア・システム、経済システム、法システム、そしていうまでもなく社会外的環境（中国では「天と地」という）は、政治システムがひとたび決定を行なってしまえば、自ら権力を行使すること、また自ら決定することをやめないし、やめられないのだ。政治システムが気候の変化に関して権力を行使しうる／している、また集合的に拘束力のある決定をすることができる／している、これに疑いの余地はない。しかし政治システムが、こうした決定によってもたらされる結果を決めているなどということは、まったく考えられない。もし政治システムが最後の決定をすることができるとしたら、逆説的だが、それは社会における政治の機能そのものを弱体化させてしまうだろう。もしある政治決定が最後のものだとしたら、さらなる政治決定をする必要はなくなり、したがって政治そのものが廃れてしまうだろう。最後の意思決定は政治の終焉となるだろう——とりわけ実際に存在する民主主義においては。これは、政治システムがまったく権力を失って何一つ決定できないということではなく、その権力と決定が社会および世界のなかでもはや特権的ではない、特権的ではありえない、ということを意味している。

民主主義的なものであろうと非民主主義的なものであろうと、さまざまな政治システムによって、集合的に拘束力のある決定はなされうるし、政治権力は行使されうる。しかし、全体的にみて、民主主義国家の方が、他の国家よりは二つの重要な点で大きな成功を収めているように思える。まず民主主義国家は、少なくとも現在、安定した持続的な政治構造を確立している点で、また一般に（ということは今日では主としてマスメディア・システムにおいて意味をもつことであるが）正統だとみなされている限りにおいて、優れているように思われる。

ルーマンがマスメディア・システムの分析で用いた専門用語で表現すれば、民主主義的な過程は「余剰性と多様性の関係の安定化」[3]をもたらすといえるだろう。民主主義は、ある程度の不安定性を許容することで安定性を生みだす。たとえば政府は交替するが、それによってそのシステムは無傷のまま残る。このような安定性を、「柔軟性による安定性」とよぶこともできる――それは固すぎないから壊れない、飛行機の翼のような安定性である。同様に、経済的な安定性も柔軟性に基づくものだと考えられる。たとえば、資本主義経済では物価は安定していない。物価にある程度の柔軟性をもたせ、穏やかなインフレを操作することができる経済は、インフレを完全に排除しようとする――いくつかの共産主義国で試みられたものの成功しなかった――経済よりは、長続きすることが知られている。

政治システムにおいて「余剰性と多様性の関係の安定化」を可能にするコードは、政府と野党の区別である。総選挙において、現在の民主主義は、政府と野党の人々がその立場を（それほど頻繁ではないにしても）時々交換できるように、定期的な役割の交替を可能にするメカニズムを確立している。一方に、通常少なくとも二つの組織体、つまり政党や候補者があり、権力を求めて真剣に競い合っている。他方で、個々の政党や政治的に影響力をもつ人物は、長期にわたって安定を維持しようとする。私たちは、いわば両方の良いところを利用しているのだ。一方で、ものごとは変化しているので、何かが起きて発展しているという印象を抱くことができる。他方で、政治組織とイデオロギーの極端な差異には秩序だった多様性があり、そのため私たちは日々新しい環境に自分を適応させる必要はない。

過去には、多様性の過剰によって崩壊した民主主義があった。ドイツにおける二つの大戦間の時期を考えればよい。ワイマール共和国の政治システムは、共存の合意よりも最終的な優越性を求めて争う傾向があるイデオロギー陣営間（自由主義、保守主義、社会主義、共産主義、そしてファシスト）の剝きだしの敵意に苦しんでいた。多様な政党それぞれが強いイデオロギー的同一性に固執したため、政治に対してなかなか穏健な態度はとれなかった。ある意味で、政治政党の生真面目さ、それぞれのイデオロギーへの強い愛着が、広範囲におよぶ政治的多様性をつくり出し、それが政治の舞台を戦場に変え、政治システムがその第一の機能を果たすこと、つまり集合的に拘束力のある決定をすることを不可能にしてしまったのだ。今日、イラクやアフガニスタンのような国で民主主義的な政治システムを打ち立てようとしたときに直面する困難も、多様性を低減させようとする目下の努力と関連づけられる。相互に敵対するイデオロギーや民族主義、宗教団体といったかたちで示される多元的な政治勢力が権力を求めて争うなら、政治的な多様性はあらゆる政治的な余剰性を排除するまで増大するだろう。もし誰が支配するか、あるいは誰が支配しないかということが、あらゆる政治勢力にとって文字通り決定的に重要なら——つまりそれが生死にかかわる問題なら——、政府にとどまろうとするまさにその争いが、政治システムを簡単に崩壊させてしまうだろう。逆説的だが、機能する民主主義システムは、余剰性という良薬に基づけられているようだ。政治にかなり余剰がある限り――つまり、ものごとは明日になれば変わってしまう（まったく変わってしまうわけではないが）かもしれないのだから、いま誰が支配しているかなんて本当には誰も気にしていない限り――民主主義は生き延びるように思われる。政党の数が非常に多く政府と野党が頻繁に入れ替わる――イタリアのような――無秩序な政治的な状況ですら、この無秩序が余剰のまま維持され、過度に真面目に受けとられない限り、驚くべき安定性を保つことができる。

　他方、多様性の欠如もまた民主主義にとって、したがって政治的安定性にとって脅威となる。民主主義を自称しているがその実一党独裁システムの上に成り立っている国の政府などは、自らを正統化するのにとてつもない困難に陥り瓦解するのが常であった。多様性がまったくなかったり、政府が永遠につづくかのように見せたり、また時に有意義な野党を抑圧したりすると、政治システムは、集合的に拘束力のある決定を施行するために容認されている正統性を喪失するだけではなく、他の社会システムとの機能的連結が切断されるなどの代償を払うことになる。支配政党は、それ自身の利害のために政治システムを乗っとる利己的な組織として効率的に機能するようになる。そして、経済や法やメディアのような他のシステムは、それぞれ独立に発展することができなくなる。経済は政治的な夢、つまり平等を達成するものであり、法は政治的な正義を実現するものである、そして学問は政治的イデオロギーの正しさを証明するものであるのに……。こうした社会では、機能的分化はうまく働かない。目標は何一つ達成されない。そのかわり、一つの組織体、すなわち支配政党だけが、あらゆる社会システムの寄生体となる。そして政治だけではなく経済や法や学問をも乗っとり、うまくいくかどうかはさておき、これらを操ろうとするのだ。実際に起きていることは、政治による社会の操縦や統御ではなく、世界規模の機能的分化という風車に対するドン・キホーテの闘いである。それは事実上、社会の完全な崩壊をもたらす。

民主主義政治の基礎にある基本的コードは、政府と野党の区別である。民主主義政治の安定性は――とりわけ政府／野党の区別について――、「余剰性と多様性の関係の安定化」と相関しているようだ。どの程度の余剰性と多様性が安定性をもたらすのかを、ずばりと決める比率や一般原理は存在しない。しかしこの二つの要素を一つでも排除すると、どんな特異な政治システムでも深刻な危機に陥るように思われる。民主主義は、この安定性を維持するために、きわめて効力のある社会的メカニズム、すなわち定期的に行なわれる選挙を発展させてきた。

総選挙は、ある期間民主主義に多様性の可能性すなわち政府／野党の役割交換をもたらすだけではなく、政府／野党間の決定的で具体的な区別――そして余剰性――をもたらす。おそらく政治システムの安定化にとってさらに重要なことは、総選挙はまた、ルーマンが「権力関係の再帰性」とよぶものを、彼の言葉でいえば「一般大衆を政治システムからの分離へと包摂すること(4)」によって生みだす、ということだ。このかなりぎこちない定式は、つまるところ、総選挙あるいは自由選挙によって一般大衆（あるいは公衆）は政治権力を分配する要因にも正統化する要因にもなるということ、つまり余剰性の確立にも多様性の確立にも一役買っているということを意味している。一般大衆とは、もちろん有権者のことである。有権者は、選挙において活動を促され（投票しなければ傍観しているだけの役回りになってしまう）厳密に定められた手順と規則によって、実際に政治機能を代表することになるのだ。選挙の細則は、州や国によってさまざまであり（どのように票を数えるか、誰に投票する資格があるか、一人何票投票できるか、どれくらいの頻度で選挙が行なわれるか、どのように候補者が選ばれるか等々）、したがってかなりの程度まで、偶有的で恣意的で変化しやすい。どんな選挙の結果であれそれを、政治的位置と権力の「正しい」配分へと合理的・論理的に変換するような特定の定式など存在しない。対立候補よりもかなり少ない投票数で民主的に選ばれた大統領もいれば、全有権者の二〇％以下の投票数で民主的に選ばれた大統領もいる。一般投票の三〇％以上得票しても野党にとどまった政党もあれば、わずか五％の得票だけで政権与党となった政党もある……。こうしたことはけっして例外ではなく、実際はむしろありふれている。だから、ルーマンは選挙過程を「賽を投げる」有権者への定期的な招待状とよぶのだ。(5)

有権者が数による一定の関係を生みだし、それが各選挙規則にしたがって、たとえばある政党の議会に占める一定の座席数をもたらすのだ。投票する人々はたいていの場合、実際に議会に坐っている個々の代議士についてほとんど知らないし（五人以上名前を言える投票者など少数だろう）、次の選挙までにこの代議士が実際に行なう政治決定を統御する権力などもっていない。また彼らが一票を投じたときにどのような意図をもっていようと、そのことと数の上の選挙結果が具体的にどのような政治的効果をもつかということとは、なんの関係もない。選挙後の議席の特定の配分や政府の役職や一連の個別の政治決定を視野に入れていた投票者などおそらく一人もいないだろう。だから、ルーマンからみれば、選挙は賽を投げるのと変わらないくらい行き当たりばったりのものなのだ。もし一週間後に――たとえば何か技術的な理由で――また選挙が行なわれたら、その結果は、世界がほとんど変わっていないにもかかわらず、まったく違ったものになるだろう。民主主義の選挙は、一般大衆を政治権力の配分過程に巻き込むが、これはまったく偶有的に行なわれる。言い換えれば、政治システムが選挙によって生みだされる数をどう処理するかを決めるのは、その政治システム自体なのだ。それ自体の各規則、各手続きにしたがってその数を政治的に解釈するシステムしだいである、ということだ。ひとたび数が生みだされれば、選挙ではなく、政治システムだけがその数を政治決定に変換することができる。

経験的にいえば、民主主義の選挙の過程は、行き当たりばったりの手続きであるだけではない。それは民主主義的政治の遂行にあたって、実のところ一つの（ましてや唯一の）中心的な要因でもない。エドウィン・ツェルウィックの言葉でいえば、ルーマンは「権力の環《サークル》」についての公式の（ただしほとんど想像的な）物語と、非公式ではあるが現実的な環を区別した。「公式の権力の環によれば、一般大衆は選挙を通じて議会の代表となる人を決め、政府を選択する。政府は議会、行政とともに決定を行ない、次に行政はその決定を施行する。そしてそれが一般大衆の関心事となるのだ。非公式の権力の環――ルーマンによれば、慣例――においては、公的な行政は決定を準備し、政府と議会がそれを拘束力のあるかたちで決定し、その決定を一般大衆に対して正当化する。そして一般大衆は同意か不同意かを示すのだ[6]」。

ルーマンの民主主義の分析と「公式の権力の環」に対する常識的な理解には、決定的な違いがある。それは、ルーマンにとって、投票する人々は全政治権力の源泉としての人民を代表していない、ということだ。彼らは単に政治システムにおいて定期的に活動を促される一般大衆にすぎない。彼らはまさにこの活動によって政治的な決定過程の環へと統合される。選挙は政治権力を構成するものではない。それは進行中の政治過程内部の一つの要素にすぎない。実際に存在する民主主義は、人民や人民による選挙によって営まれているのではなく、多くの政治組織、手続き、制度——それらは、たとえば政府と野党の順調な、時にたいした理由もない交替に備えることによって、自らの相対的な安定を維持することができる——の「特定の構造的配置」なのである。選挙で負けるや否や、野党は次の選挙の準備を始めてもよい、ということだ。

こうした状況の下では、人民の役割とは主として象徴的なものだ（「それだけ」ではないが）。あるいはこういってもよい、民主主義の物語は、前記の政治的な環を閉じる機能を果たす一つの神話なのである、と。政府／野党の区別に基づく民主主義において、人民はただ異なるものを入れ替えるための一つの公式として必要とされているにすぎない、とルーマンは説明する。「十八世紀でもそうであったように、人民は政治理論を完結させる一つの構築物にすぎない。いや別の言い方をしよう。人民なんてどこにも存在しないとすれば、それにいったい誰が気づくというのだろうか[7]」。

人民とは、一つの単位として、選挙過程という魔術まがいの催事によって生みだされた虚構である。いわば、他の何よりもまず数学的な効果なのだ。選挙はただ一つの結果、ただ一つの「人民の意志」をもたらす――政治家は疑いの余地なくそれを引合いにだし、そこから正統性をひきだすのだ。しかし経験的にいえば、この人民の意志を、いかなる個人の意志とも同一化することは困難だ。民主主義が機能するために必要とされているのは、実際の人民ではなく、選挙によって生みだされる数による関係という象徴的構築物である。

ルーマンが次のように言うとき、彼は皮肉をこめて暗に宗教的信念をさしているのだ。「民主主義は依然として、その自己記述のテキストにおいて、「人民」を、個人の意志が一般意志へ融解するという奇跡をもたらす最高の装置として前提にしているのだ」。世論は個人の思考態度や利害関心を代表するものではない。それは数による選挙結果というかたちで、統一を生みだす「奇跡」なのだ。「個々人が投票用紙にマークをつけているときに、何を考えているかなど(何であれとにかく)知る由もないことだ。これだけで、世論が個々人の意見を一般的に表わしているとは考えない十分な理由となる(8)」。人々がどんな意見をもっていても、つまり人々が何を「考えている」のか、「どういうつもり」なのかは、「世論」とは何の関係もない。人々の見解は(考えや信念、感情という意味で)あまりに多様で独特なので、投票というかたちには十分に表われない。選挙結果をみても、何億という人々のはかりしれないほど複雑な精神や意志の状態はわからない。むしろそれは世論とよばれるものを確立するための手段なのだ(世論とは、一般意志を継承するもので、すでにルソーにとってそうであったように、単なる個々人の意志の総計だと考えてはならない）。世論はコミュニケーション的構築物であり、それによって政治システムは地位や役割を分配することができる。世論は人間や精神の現象ではなく、コミュニケーションの現象であり、社会的構築物なのである（つまり世論は現行の選挙手続きを前提に、政治システムとマスメディア・システムの「構造的カップリング」によって生みだされる）。自由選挙という象徴的な作用によって、社会はこの機能を果たす政府を正統化し、「神話的変換」のかたちで、奇跡的に人々の一般意志を生みだすのである[9]。

ルーマンの最晩年の論考の一つに、この民主主義政治の象徴的核心を強調する、以下のような文章がある。

古い慣習にしたがって、これを人民の「支配」だと名づけたいなら、象徴的政治／道具的政治という古い区別を採用することが適切だと思われる。これを前提とすれば、私たちが扱っているものは、象徴的支配のみということになるはずだ。象徴的であるのは、分離しているものの統一を現実化し、ゆえにそれに効果を及ぼすような操作である――ここでは、国家や政党という組織と一般大衆の構造的分化の統一である。この区別がもたらす問題は、まずそれが象徴的なものと道具的なものにまたがる批判と要求――つまり「もっと民主主義を」という要求――と結びついているということ、さらに政治的選挙の潜在的機能――すなわち未来を未知の

ままにとどめておくこと──が見逃されるということである。(10)

きわめて内容の詰まった文章なので、敷衍して述べておく必要がある。まずルーマンはいささか皮肉っぽく、民主主義という概念を──それがもし「人民の支配」をさし示すものなら、あまり真剣に考えることもない──かなり廃れた「古い慣習」だと言っている。しかしもしその用語を救済したいなら、ルーマンにしたがって、それが現実の、道具的な社会の支配ではなく、象徴的な支配をさし示すものだということを認めなければならない。古代ギリシア語の意味に倣えば、「象徴」とは、それがなければ離れているしかないもの同士を結びつけ一つにする何か、だと理解されうる。ルーマンは、後期の著作で確認した政治システムの三つの要素に言及している。すなわち国家（政府、議会、行政）、政治組織（政党）、一般大衆すなわち有権者である。これらは機能的に分化しているが、結びついてもいる。つまり、政治システムの内部で、相互に区別されるが、協調して作用する。民主主義は、一般大衆を権力の構造へと統合する「支配」の一形式であるがゆえに、その本質的な特徴は、総選挙を通してこの三つの政治の領野が一体となって一つの環をかたちづくるという点にある。（私たちの社会には、「支配する」システムなど厳密な意味において存在しないとすれば、この「支配」という言葉の使用には十分慎重でなければならない）。すなわち選挙において、一般大衆は数というかたちで結果を出して、さまざまな政党の政治的な強さを決定し、それによってシステムが議会や政府などを形成することができるようになる、というわけだ。この一体化は、ルーマンによれば、性質上「神話的」である、なぜならそれは物語――政治において何とか自らを表わしている神秘的な「人民の意志」といった物語――に基づいているからである。しかし象徴的神話に基づく操作は、民主主義が首尾よく機能するのを妨げるものではない。

もし民主主義の神話的側面をあまりに文字通り受け取ってしまったら、さまざまな問題が生じるだろう。「単なる」神話にすぎない人民の支配以上のものである「道具的民主主義」の要請は、事実上民主主義に危険をもたらすことになる。なぜならそれは不可能な要請だからだ。ある意味で、民主主義の最大の危機は、その象徴的な性質を現実的なものと取り違え、人民にその責任を引き受けさせることにある。それが結果として無政府状態《アナーキー》や寡頭政治、自称「人民党」という独裁政治、意味のない民主主義的メディア劇場をもたらす。逆説的だが、民主主義の機能にとって重大な危機とは、もっと民主主義を、という要請なのだ。

そうした要請は、民主主義的手続き、たとえば選挙にもっと決定的な社会的影響をもたせるよう強く要求することになる、とルーマンは結論づける。しかしルーマンにとって、民主主義的手続きの社会的影響が限定されているからこそ、まさに民主主義は機能するのである。機能する民主主義におけるすべての選挙は――プロスポーツの一つのシーズンがつねに次のシーズンへ希望を残すのとまったく同じように――単に次の選挙の前の一つの選挙であり、社会や国家の未来を永遠に決定するものではけっしてない。もし民主主義が、人民の意志を「実現する」現実の道具だとみなされるなら、民主主義は終わるだろう。民主主義的選挙のもっとも重要な機能の一つは、それが社会の運命を決定的に決めることがないというところにあるのだ。

この章を締め括るにあたって——ルーマンの民主主義論のラディカルな側面を記述的に分析するという範囲を超える——二つの問題に触れておこう。第一の論点は、ルーマンの分析から導かれる暗黙の結論に関わる。つまり社会が過度に政治化すると、「実際に存在する民主主義」が危険に晒されることになるという結論だ。第二の問題は、実際のところルーマンはどのような政治的立場をとっていたのか、ということだ。

　現在の民主主義には、政治教育に関してかなりの懸念がある。自由主義的な視点からは、政治教育はプロパガンダや教化ではなく、さまざまな政治的選択について、民主主義の機能や意味について、積極的な政治参加の仕方について、民主主義のさらなる発展に建設的に貢献する方法について、若者たちに教えることだと理解されている。市民の間では、政治的活動の低調ぶりが（マスメディアを通じて）よく嘆かれている。投票率の「驚くほどの」低さが公表されると、メディアや政治家は心配しているようにみえる。人々に投票を促すために税金を使って公的なキャンペーンが張られる。よく言われることだが、どの（民主主義）政党に投票するかはさしたる問題ではない、オリンピックと同様、選挙に参加することに意義があるのだ。ドイツ語のスローガンにもあるように、「参加することがすべてである」（Dabeisein ist alles）。歴史的には、政治教育への懸念は、アメリカ独立革命でもフランス革命でも礎石となった民主主義的市民権の理想に大きく関係している。政治に積極的に関わる社会の成員だけが良い社会の成員であり、彼（そして、やや遅れて彼女）だけが真に自由で自己管理のできる国に住む名誉を享受できるのである。市民が真の市民であるために民主主義が必要であるように、民主主義は真の民主主義であるために、政治に積極的に関わる市民を必要とする。その依存関係は相互的なものだ。

なぜ（学校で、またマスメディアや政治組織によって行なわれる）政治教育が民主主義の機能にとって決定的に重要だとみなされるのか。ルーマン的な見方をすれば、その理由はきわめて明白だ。第一に、市民が政治に参加することがなければ——選挙の日に投票に行きさえすれば政治に参加したとみなされる——「人民の意志」を決定するという民主主義の神話はその魔術的な力を失う。もし人民の三分の一しか投票に行かなかったら、人民の意志の力に何か不都合なことがあるように思われる。もし人民の意志を生みだすもっとも重要な儀式にあまり人が集まらなかったら、人民の意志は危機に陥る。だからこそ、納税者は自らに投票を促すためにテレビコマーシャルを買うのだ。投票者数が少ないことに、数学的あるいは手続き上の問題はない（議会の議席数は一万の投票でも一千万の投票でも、同様に算出することができる）、しかし神話学的な問題はある。選挙におけるそれ相応の数だけが、民主主義の神話の強度と生き残りを保障する。政府の正統性も、全体としての民主主義の正統性も、この神話しだいなのである。

似たような理想は、共産主義国家やファシズム国家の全体主義的「民主主義」の政治的自己記述にとって、第一に重要なものだった。こうした国家を支配した「人民党」は、自らを公的政治活動の制度化された形式とも、また社会の徹底した政治化の源泉ともみなしていた。積極的な政治参加の強調は、自由主義的民主主義に依然として浸透している啓蒙主義に由来する、まさに同じ民主主義革命の要求——積極的市民の要求——からくるものだ。右翼であれ左翼であれ、独裁的な民主主義は自らを自由主義的民主主義よりも民主主義的である——ない、ではない——とみなしている。そして政治活動こそが何よりも重要だと信じていたのだ。こうした国家では、あらゆる活動が（潜在的に）政治的である。学校に行く、スポーツに参加する、仕事に行く、すべてのことが人民の政治的進歩の強化に何らかの貢献をしているとみなされていた。政治的解放は、終わりなきプロジェクトなのである。学生、アスリート、労働者、そして教師、すべての人が絶えず人民の政治化および政治的解放に参加していた。大衆は、政治的自己教育に永久に関わるものだとみなされていた。政治的に解放された労働者は、労働を政治参加だと考えることになっていた。政治的に解放されたアスリートは、自分たちの努力を社会（左翼の社会主義であれ右翼の社会主義であれ）の社会主義的再構成という文脈において考えることになっていた。またこうした社会は政治的成功を市民たちの政治参加によって測っていた。大パレードや（不正）選挙のような政治的な大衆儀式は、こうした独裁国家において、自由主義的民主主義における（自由）選挙と同様、民主主義の神話の構築にとって中心的なものだとみなされていた。

独裁的な民主主義において強制された政治的行動主義が、実際に存在する民主主義において単に強化された政治的行動主義よりも、安定性をもたらすことはない。選挙が不正であり、不正だと知られているのとまったく同じように、大衆的パレードも不正であり、不正だと知られている。これが、政治的神話にとって、西側諸国における単なる政治的無関心よりも、はるかに有害であることは明らかだ。政治参加は操りうるという支配政党の信念も間違っていることになる。こうした国家は、逆説的だが、結局政治教育とアジテーションの過剰投与の犠牲となるのだ。民主主義の機能を保証する政治的神話は、コミュニケーションのいわば気候変動にかなり敏感である。つまりそれは人民によって忘却されるという危機に陥ればあまりの寒さによっても、しかしまた過剰投与という処方箋が与えられればあまりの暑さによっても、脅威にさらされるのだ。神話が神話のままとどまるのは、それが無視されることもなく、かといって神話以上のもの――つまり真理――であるとみなされるような何かに変わることもないときだけである。真の民主主義は、民主主義の神話が神話でありうる限り存在する。ということは、民主主義の死もありうるということだ。したがって、そうした民主主義への要請や社会の政治化を強化せよという要請には、警戒してかからなければならない。

ルーマンの政治的立場には一般的に二つの見方があるが、私はどちらにも問題があると思っている。一つは、よく知られているもので、彼は保守主義であるという非難だ。こうした分類がどのように生じたかはわかりやすい。一九七〇年代のハバーマスとの論争――彼はこれによってドイツ国内での名声を得た――において、ルーマンは明らかに（ハバーマスが代表する）左翼には与していないので、左翼によってただちに「彼は右翼である」と結論づけられてしまった。左翼の視点からは当然そうなる、なぜなら左翼でないものはすべて社会進歩の邪魔であり、したがって必然的に右翼すなわち保守的だということになるからだ。ルーマンに対する左翼からのさまざまな批判は、キングとソーンヒルによって簡潔かつ十分に記録され分析され、そして斥けられているので、それ以上私が付け加えることはない(11)。

もう一つは、ルーマンの政治的立場に対する評価としてより適切ではあるが、まだいくぶん限定的なものだ。つまり彼は機能的分化の提唱者であり、それゆえに、「実際に存在する民主主義」を――それが機能的分化の永続化を可能にし、したがって社会的安定と進化に貢献するという前提のもとで――擁護するようになった、という評価だ。簡単にいえば、ルーマンは現代社会を記述しようとしただけでなく、その記述に満足しきって、現存の（西洋）社会を――必ずしもライプニッツ流にいう「あらゆる可能世界の最善のもの」ではないにしても――賞揚し、そして現代の社会的構造を、それが当然維持されていくものだという希望のうちに肯定しているのだ、ということになる。機能的分化の内部では、民主主義政治の機能は当然オートポイエーシス的に維持され、他のシステムの機能にあまり積極的に介入するようなことはないだろう。そのような立場は、政治学への――とりわけ政治との関係で、経済への――レッセ・フェール的アプローチとまったく同じではないが、けっして矛盾するものではない。

ルーマンが機能的分化のある側面に対してたいてい肯定的な態度を示していること、また社会は「革命的」な変化を取り入れようとするよりは、現状のまま淡々とつづいていくほうが望ましいと考えていたことは、私も認める。彼は機能的分化の還元がもたらすであろう否定的な効果にとくに関心を寄せていた。しかし、私が言いたいのは、ルーマンのように元来明確に反規範的で、厳密に記述的な理論家がみせる、こうしたちょっとした規範的な言い回しは、イデオロギー的な言質としてではなく、実践的な理由でたまたま言ったことだと理解されるべきである、ということだ。エドウィン・ツェルウィックが辿り着いた以下のような結論は、民主主義に対するルーマンの肯定を誇張していると私は思う。「システム理論によって生気を与えられた彼（ルーマン）の民主主義概念は、民主主義の実践において今日その社会的機能を唯一適切に果たすことができる政治システムの論理や合理性という観点からみれば、西洋世界の民主主義を（再）構成する重要な試みだとみなされなければならない。民主主義は、したがって、ある進化的段階に到達した政治システムが存続していくための、事実上もっとも重要な条件となる[12]」。

一方でルーマンは明らかに、民主主義が神話の上に成り立っているという理由で、あるいはうまく機能していないからといって、その廃棄を求めていたわけではなかった。他方、民主主義が現在の社会において政治を生き延びさせる唯一の政治構造だと信じていたわけでもなかった。彼の民主主義の擁護はそれほどはっきりしたものではない。民主主義を弁護するつもりなどなかった、と私は思う。そうではなく、民主主義にあまりに多くを期待する人々、社会をもっと民主主義的にしたいと欲する人々への警告のつもりだったのだ。彼は、民主主義をあまりに本気に受けとってしまうイデオロギー的な試みに非常に困惑し、そうした試みが逆説的に民主主義の存在を危険に晒すことになると考えていたのだ。私の考えでは、ルーマンはけっして規範的な思想家ではなく、おそらく何よりも、高度に非イデオロギー的、いや反イデオロギー的思想家ですらあったのだ。左翼であれ右翼であれイデオロギーを基盤に打ち立てられた全体主義的な政治システムを、彼は大きな憂いをもって見ていた。また自由主義的民主主義の「イデオロギー化」の問題にきわめて敏感であった。現在の自由主義的民主主義への批判には、またそれが真に民主主義的になるべきだという要請には、民主主義の「原理主義」的なところが、したがってイデオロギー的熱狂じみたところがあるのだ。ルーマンが民主主義や機能的分化を肯定することで言いたかったこと、それは機能的分化が社会的進化の容認しうる結果であり、進化を促進しようとしてその過程に介入する試みは、たいていの場合あまり見込みがない、ということだ。したがって彼の民主主義擁護は、実質的に親・民主主義的イデオロギーの表明ではない。それは、政治的にあまり負荷のない政治システムの方が、高度にイデオロギー的な性質をもつ政治システムより、社会的にはさほど害なく機能するようにみえる、という逆説的な洞察に基づいている。実際に存在する民主主義の恩恵は、想定される歴史的目標を何らかのかたちで実現するということにではなく、社会的安定性を可能にするということにある。「真の民主主義」をもたらそうとするいかなる試みよりも、「象徴的民主主義」がうまくいっていること、それは経験的にすでに明らかだ、とルーマンは信じていた。

第九章　結論――望みでもなく怖れでもなく

ドイツ人のある友人が、社会システム論には概ね好意的であるにもかかわらず、ルーマンを勉強していれば自分だけではなく多くの人々が経験する（と彼は言っていた）ある欲求不満について語っていたことがあった。彼はきわめて適切な比喩を編み出し、次のように指摘した。ルーマンの著作は読む人に「抱《いだ》かれるような場所」――つまり読者を安らかで心地よい、寛いだ暖かい気持ちにさせてくれる、クッションの効いた家具のある場所――を与えてくれない、と。(1)彼がそんなことを言ってから、私もルーマンの「抱かれるような場所」を探しつづけてきたが、これまでのところ無駄だった。おそらくこの完璧な欠落こそ、ルーマンをこれほどまでにラディカルにさせているものだ――とはいえないだろうか。

ルーマンを、少しでも心地よい、癒しをもたらすようなものにしようとする試みは、彼の解説者たちの間ではさほど珍しいことではない。(2)明らかに、彼らにとって「抱かれるような場所」への切望は抑えきれないものとなっていた。ルーマンを軟らかくしようとするそうした努力は、たいてい何の役にも立たないと私は思う。私の考えでは、水で薄めたようなルーマン、そのラディカリズムを無視したり和らげたりするようなルーマンは、ただ誤解や曲解を生むだけだ。そんなものは彼の「超理論」に値するものではない。私が思うに、ルーマンのラディカリズムを弁解がましく否定するより、そのラディカリズムゆえに彼を厳しく批判したほうがまだましである。ルーマンのラディカリズムを掬いとり、守り、明らかにすること、そのためにこそ私は本書を書いたのである。

ここまで私は、ルーマン理論がパラダイム・シフトを画するいくつかの領域を指摘することで、ルーマンが社会理論や近代西洋哲学の主流からいかにラディカルな離脱を果たしたか、を説明してきた。その領域は、反《アンチ》／脱《ポスト》ヒューマニズムから民主主義の脱構築にまで及ぶ。この最終章では、ルーマンのラディカリズムについて、もっと一般的な説明をしておきたい。私がとりくむのは、ルーマンのラディカリズムはいったいどこに行くのか、という問いである。ルーマンを理解すれば、世界はいったいどんなふうに違って見えるのだろうか。社会に対する、世界に対する、さらに自分自身の生に対するルーマン的な態度を構成するのは、いったい何か。こうした問いは、ルーマン理論の射程を超えていることもあり、彼自身にとってはほとんど問題とはならなかった。またそれゆえに問うこと自体無作法で不適切だとみなされるだろう。にもかかわらず、私は問わずにはいられない、「抱かれる場所」とまではいかなくても、少なくともその欠落を埋める何かよりも、ただそれを探し求め明らかにするために。

私がルーマンに帰するもっとも重要なパラダイム・シフトの核心には、哲学の終わり／理論の始まりがある(3)。そうした変化には、理論的な帰結が伴う。つまり近代初期のヨーロッパにおける宗教から哲学へ、聖から俗への移行が社会的意味論と社会構造の変化を伴ったように、哲学から理論への移行にもいわゆる――あまりよい言葉ではないが――態度変容が伴うのだ。神聖な目的論的世界への失望、あるいはそこからの解放のあとには、合理的で倫理的な哲学世界への失望、あるいはそこからの解放がくるのである。哲学以後の意味論がどのようなものになるのかを予言しようとするなどばかげている。しかしルーマンを哲学以後の最初の理論家の一人として観察することによって浮かび上がってくる、そうした態度の諸特徴について、いくつかの概略を描くことはできるかもしれない。この態度には、謙虚さ(4)、アイロニー、平静さ、という三つの密接に関連する特徴があると思われる。これらが、いわば、社会システム理論の徳の倫理学の核心を成している(5)。

謙虚さ

西欧ルネサンスと啓蒙の時代に、「偉大なる学問」――ドイツ語のヴィッセンシャフトという意味で――の再浮上ないし再出現が起こった。それは体系化され制度化された知の営みである。そこにはあらゆる学問、すなわち、知を生みだし、それを社会にとって有用なものとするための、自然科学や社会科学、人文科学が含まれる。近代初期、哲学はまだこの営みを指導する立場にあるとみなされていた、またそう自任してもいた(6)。これはカントやヘーゲルには確かに当てはまるが、マルクスとダーウィンに関してはまったく違う。近代哲学は、少なくとも十九世紀までは、認識論的に楽観的であった。「偉大なる学問」がありとあらゆる真理を発見し、それによって人類が啓蒙され触発される、と広く信じられていたのである。それが、社会的・技術的・倫理的進歩を背後から駆動する力に違いなかったのだ。歴史的にいえば、哲学は知を生みだし、それによって進歩する、という近代の野望のまさに中心に立ちつづけてきたのである。

二十世紀になると、哲学は、学問的活動だとみなされるものの周辺へとますます押しやられるようになった。哲学がこうして衰退し、学問からますます離れていったにもかかわらず、この時代を「情報の時代」とか「知識社会」といった言葉で捉えることは、依然としてかなり一般的であった。こうして啓蒙哲学の意味論は生き延びている。知識を獲得し情報を所有することは、社会的成功や個人的成長にとって重要だとみなされている。民主主義における市民、自立した人間、自由な個人になるためには、ものごとを知り、情報を手に入れることができなければならない。教育は、繁栄する社会をつくるため、また独立した個人になるためのもっとも重要な基盤である、と広く信じられている。ヘーゲル哲学で中心的な役割を果たしているドイツ語の自己形成（Bildung）という言葉には、このことがよく表われている。それは、教育と教化の両方を意味する、つまり知識の授与や獲得と、個人的資質や国民的文化の「建造」（ドイツ語の語源に対応する英語の building）の両方を意味する。自己形成は、かつて哲学と同一視され、どんな近代社会においても、その一般的プロジェクトや野望となった。このように、私たちは依然として「哲学的」な社会に生きているのだ。近代社会には、知識を生みだし、自己改善を求めつづけ、真理を発見することによって、それ自体の自己形成に永遠に関わるものだ、という自己認識がある。

しかし理論的にみれば、「知識社会」につきものの認識論的楽観主義は疑わしい。理論は、知識の生産を、コミュニケーションの、すなわち社会的構成の形式として記述する。理論は、確かに、知識の有用性を端から弾劾し、哲学的な認識論的楽観主義を単純な悲観主義に置き換えるわけではない。しかし、理論的にみれば、知識の生産の増大と結びついた救済論的な希望には、何の根拠もないようにみえる。社会的構築物としての知識によって、社会や個人は、それなしでは為しえなかったさまざまなことを為すことができる。たとえば、もし社会が知識の生産に関心がないなら、私がこの本を執筆し出版することもできない。しかしこのことは、社会や個人が実際に真理に近づいていることを示しているわけではない。機能的に分化した社会では、学問は、かつて哲学が為すとみなされていたことを為すことはできない、つまり前述したような意味での自己形成という包括的な過程の端緒を開くことはできないのだ。

知識の生産に対する伝統的な哲学的アプローチは、改良すべき集合的な主体と個人的な主体がともにあるということを前提にしていた。しかし理論的にみれば、そんな主体など存在しない。誰も彼（彼女）自身の内面的な構成要素として知識を「もつ」ことなどできない。知識は、貨幣のように、また権力のように、一般化されたコミュニケーション・メディアとして機能する。そして誰もが、ある特定の社会的文脈においてある一定の価値を割り当てられる他の（システム－理論的用語でいう）メディアをもつように、それを「もつ」のだ。知識によって社会は機能する。しかし、知識が個人や社会を全体として本質的に改良するわけではない。理論的な観点からみれば、知識が増えても、貨幣や権力が増えて達成される以上に、さらなる自己形成が達成されるわけではない。

知識のインフレーションは、このことを見事に例示していると思われる。誰一人として――そしてどんな民族も国家も社会システムも――首尾一貫した方法で知識を集めて貯めておくことはできない。事実、知識は「交換」されたとき、つまり譲渡され消費されたときに、はじめて価値あるものとなる。知識は、コミュニケーション的にも（たとえば専門書の出版のように）時系列的にも（つまり新しい知識が古い知識にとってかわるように）交換される。[7]（ヘーゲルの言葉でいう）「絶対知」の考えは、理論的には、もはや擁護できるものではない。知識が、貨幣や権力のようにメディアだとすれば、その生産に関わる人々に、自分たちが究極的な自己改良の営みに関わっていると信じる理由はない。言い換えれば、理論家たちは、かつての哲学者たちよりも謙虚でなければならないのだ。理論家たちは、もはや自らを誇り高く、何よりもまず智を愛する者だとみなすことはできない。そのかわりに、彼らは自らを知識の交換市場にいる仲介者だとみなさなければならない。理論家たちは、ずっと哲学という専門職のものだとされてきた多くの自負を手放さなければならなくなるのだ。

マルクスがヘーゲルを完全にひっくり返したと主張したとき、彼はヘーゲルの観念論を唯物論へ転換させることだけではなく、最終的に「哲学的な学問」（ヘーゲルの philosophische Wissenshaft）を単なる精神的な啓蒙というよりむしろ実践的に適用可能なものにすることを目論んでいた。マルクスは「フォイエルバッハに関する十一のテーゼ」において、手短にこう述べている、「哲学者たちはこれまで世界をさまざまに解釈してきただけだ。重要なことは世界を変えることだ」[8]と。哲学的な学問を通じて世界を変えるというこの考えは、しかしながら、マルクス的のみならず、ヘーゲル的でもある。哲学的な解釈とは、ヘーゲルとその継承者たちにとって、つねに世界を変えることだったのだ。それは、まさに「哲学的な学問」――カントの言葉でいえば「自らを学として呈示することができるような未来の形而上学」――のプロジェクトだった。哲学がひとたび「哲学の醜聞」を克服することに成功し、自らを学へと変貌させるなら、世界を変えられないはずはない。ヘーゲルは効果的な知識（wirkliches Wissen）という表現をよく使うが（wirken は「効果的である」という意味）、それは（見かけ上の、したがって間違った知識と対極にある）「真の知識」を意味する。もし学問的な哲学が真であるなら、世界へ直接影響を及ぼさざるをえないだろう。このように、啓蒙哲学とは、知識の生産のみならず、そもそも最初から（マルクスに限ったことではなく）世界の変容に関わるものでもあったのだ。

哲学には、世界を知りうるということだけではなく、社会に介入し社会の変化や発展を見通し導くことができるということも含まれている。カントにとって、哲学は最終的に「永遠の平和」への道を示すものであった。マルクスにとって、哲学は階級対立に終焉をもたらすために役立つものであった。哲学者の人物像は、したがってきまって空想家や宗教における救済者の世俗版に重ねられてきた。哲学者たちの空想的な態度は、カントやマルクスにおいてそうであったように、

「巨大理論《グランド・セオリー》」の水準にみいだされるだけではなく、スケールはかなり小さくなるものの、私たちの時代の無数の標準的な哲学者たちの見解のなかにもみいだされる。社会的あるいは道徳的変化に対して当面の示唆を与えることができると感じているのは、大体政治哲学者や応用倫理学者といった人たちである。

理論は、哲学的な学問の干渉主義の遺産とはきっぱり手を切っている。しかし理論が世界を変える、ということは認める。世界――とりわけ社会――は、たとえば本書が出版されただけでも、少し変わってしまう。世界のなかで起きたことは何であれ、世界の進化に貢献する。それは生態系の内部で起きたことが何であれ、生態系のさらなる発展に影響するということとまったく同じである。干渉主義の哲学と非干渉主義の理論との違いは、後者が、哲学化や理論化が世界に差異をもたらすことを否定するところにあるのではない。両者がそうした差異をどのように評価し分析しているかというところにあるのだ。

ルーマンの理論は観念論的でも唯物論的でもない、つまり構成主義的なのだ。さまざまな観念が世界を変えると主張する観念論者、また物質的な変化が社会を変えると主張する唯物論者とは異なり、構成主義者はさまざまな社会的構成が社会的変化を構成していると主張する。しかしこれは問題ではない。問題は、観念や物質的状態が、社会的構築物よりも本質的な何かだと想定されているということにある。言い換えれば、観念や物質的状態が、社会的変化の基礎的な第一原因だと想定されているのに対し、社会的構築物は根源的に社会内在的であり、社会的変化の原因でも結果でもない、ということだ。理論は、社会についてのものであると同時に、社会の内部に存在するものである。社会の理論（社会が主体なのか対象なのか、文法的に曖昧）は、理論が理論化しようとするまさにその当の社会の産物である。(9) 理論はある目標に向かって特定の変化を引き起こすことはできない。理論はただ、社会の持続的な自己変容において（さほど重要ではない）役割を果たすだけだ。

社会理論は、「理論」という言葉の厳密な意味において、政治哲学とは異なり、世界を単に解釈することと世界を変えることとの間にある違いを思い描くことができない。マルクス（またマルキスト以外の政治哲学者）にとって、政治理論は、社会について単にもう一つ無駄な解釈を提供するというのではなく、何か本質的に違ったことをしなければならない。つまり物質的な変化をもたらさなければならない。しかし理論にとって、社会はただコミュニケーションのみから成る。理論は、ゆえに、世界を直接変えることはできず社会を変えることができるだけだ。そして高度に複雑な世界では、社会の変化がどのように世界を変えるのかを予測することはけっしてできない。一方で理論が社会を変え世界を変えることは避けられず、他方で理論の変化と世界の変化の間には何ら機械的な因果的関連性はない。このように、厳密な意味では、世界へのいかなる規範的‐理論的介入も不可能である。理論家は世界を変えるが、こうした変化を統御したり予測したり、ましてやそれについてもっともらしく語ったりする立場にあると主張することはできない。だからこそ、ルーマンのラディカルな理論は、謙虚さを呈することになるのである。

アイロニー

知識を生みだし交換することによって、理論は意味（meaning、あるいは sense ――ルーマンの使うドイツ語の Sinn の訳としてはこちらのほうがよいだろう）を生みだし交換する。確かに、すべてのコミュニケーションは、この言葉のシステム－理論的意味づけにおいて、意味を構成する。意味は、ルーマンが考えていたように、社会のもっとも一般的なメディアであり、さらに心的システムとコミュニケーション・システムの間――人間の精神／社会間――の構造的カップリングを可能にするために必要不可欠なものだ。私たちがものを考え伝えるとき、意味が生じる。特定の社会システムは、（経済における貨幣のように）特に意味あるメディアを構築することによって機能する。このように、経済とは貨幣を生みだすことにほかならない。同じように、（理論や哲学が収まっている）学問システムにとっては、真理を生みだすことがすべてである。こうしたシステムの意味づけは、それぞれのシステムに特有の社会的意味の構成である。それぞれのシステムが社会にそれぞれに固有の意味の源泉を与えている。他のシステムについても同じである。たとえば宗教は、社会に宗教的な意味を与える。法システムは合法と非合法の区別を意味あるものとする。そして保険衛生システムは、健康というものを人々が意識しなくてはならない社会的な関心事とするのだ。

しかしまさに社会における意味の複数性と共約不可能性が、ある仕方で無意味という意味を形成し、それをもっとも単純化された哲学の伝統的定義と対立させる。*プラトンの『ソクラテスの弁明』において、ソクラテスはよく知られているように、吟味されない生は生きるに値しないと宣言した[10]。この宣言は、哲学をそうした意味――ここでは「生の意味」（Sinn des Lebens）――をみいだす体系的営みとして理解するための、恰好の一節となる。こうした伝統的な哲学的文脈では、意味は、文法的に単数である。厳密にいえば、哲学では――とりわけルーマンが反応するドイツ語圏の文脈では――意味は多様化すれば、必ず無意味化の危険に晒される。複数形では、ドイツ語の der Sinn は die Sinne となるが、これは意味（meanings）ではなく官能（senses）を表わす。プラント的にみれば、意味は複数化すると、その知性的で理性的な意味づけを失い、肉体的で非理性的なものに堕落する、ということだ。意味の複数化は、こうして意味の質の低下を招き、意味をその反対のものへとパラドキシカルに反転させるのである。

ルーマンは後期の著作で意味（Sinn）という言葉を使うとき、概してフッサールからの引用を避け、かわりにドゥルーズの『意味の論理学』に依拠するようになった[11]。『意味の論理学』は、哲学的に受け継がれてきた意味の論理学を、理論において、いわば曲解したものである。理論は、（単数の）論理学や（単数の）意味に専心するかわりに、論理的構成と意味的構成が多元的かつ同時に起きるさまざまな可能性を探求する。ラディカルな意味の複数化は、生に対する意味づけをみいだすというまさに哲学本来の試みからの明白な離脱を示しているだけではなく、文体や態度における転換を画するものでもある。ソクラテスは、ときおりソクラテス的アイロニーを利かせることはあったものの、『ソクラテスの弁明』を読めば一目瞭然、生の吟味に関しては大真面目であった。ソクラテスのアイロニーに比べれば、理論は、意味の複数性への転換を果たしてから、アイロニックであることにかけてははるかにラディカルなやり方をとっている。ルーマンは次のように言う、「自己批判の理性は、アイロニカルな理性である。それは「ヨーロッパをたえず放浪するジプシー」の理性である」[12]。ルーマンはその生涯の最後になって、初期のころの師匠であるフッサールと真っ向から対立し、ジプシーの理性に自らを重ね合わせた。彼らは、意味‐生成の統合されたパターンを侵犯し、通常規範だと考えられているものの外側で生きている。フッサール的意味（Sinn）からドゥルーズ的意味（sens）へのルーマンの転換は、私が哲学から理論への転換とよんでいるものを示しているといってよい。その転換には、理性をアイロニカルにすることが伴うのである。

私の定義では、アイロニーは、実際に言われていることの逆だとわかるような何かを単に（たとえば、明らかにすごくないことが起こったときに「すごい！」と言うように）言うこと（伝達すること）ではない。むしろ、同時にかつ同程度に真面目であり不真面目である何か、正当であり不当である何かを言うことなのだ。それは意味を成すが、同時にかつ同程度に「意味を成さない」。これを示す例として、ルーマンの『社会の科学』の序言の最後の文章、「あとは例によって、まだ誤りがあるとすれば、それはすべて私の責任である、というだけだ、もちろんこの文章をのぞいては！」[13]を挙げよう。ルーマンは明らかに、ここで述べられていることと逆のこと、つまりこの本に

＊社会には多数の意味があり互いに共約不可能であるため、唯一の意味というものが無意味になる。このことが、意味は生においてただ一つだと考える伝統的哲学と厳しく対立するということ。

誤りがあれば、その責任は彼がまさに援助や補助に対して感謝を表明している人々に帰せられる、と言っているわけではない。そうではなく、もし本に誤りがあればその責任は自分にあることなど十分に承知しているが、ただそれと同時にかつ同程度に、そうしたレトリカルな意志表示がいかにステレオタイプか、また理論的な観点からみていかに無意味かを指摘しているのだ。その文章は、意味（誤りの責任を引き受けること）と無意味（そうした責任の引き受けは無意味であると指摘すること）を、同時にかつ同程度に構成する。したがってその文章は、遂行的にアイロニカルであるだけではなく、ルーマン理論のアイロニカルな側面を表わすものでもある。つまりもし（この文章が含まれる学問的な本のまさに主題である）知識の学問的な構成が、（伝統的哲学的意味における）究極的な無意味という意味を偶有的に構成してしまうなら、学問的理論的な専門書という文脈においてこれを指摘することもまた究極的に無意味なのだ。しかし同時に、これをコミュニケイトするという事実には十分意味がある、それがまさに理論の核心を成すものであるからだ。アイロニカルにいえば、この論点が理論を究極的に意味づけるものとなる。

ルーマン理論は、いかなる究極的な意味づけも、いかなる超越論的あるいは超越的な拠りどころももたず、また統合された理性を標榜したりそれに従ったりすることもない、意味の偶有的な社会的構成に関わるものだ。このように、理論的な理性は、アイロニカルな理性なのだ。つまり理性の言葉は、必然性ではなく偶有性に根ざしている。このことは「自己記述的に」そうなのである。自己－批判的理性は、自らがアイロニカルであることを考慮するが、そのための方法の一つがアイロニカルなコミュニケーションを使うことである。アイロニカルな理性は、「論理的に」アイロニカルであるだけでなく、文体においてもアイロニカルである。このように、ルーマンにとってアイロニーは、単に教訓的、弁証法的な方法ではない（ソクラテスやプラトンにとってはそうであったが）。アイロニーは、理論の「自己記述的」特質の不可欠な一側面なのである。伝統的な哲学では、アイロニーは一つの手段であり、使ってもよいし使わなくてもよかった。しかし理論は、アイロニカルな理性の行使、いわば理性というジプシーによるパフォーマンスなのである。

あらゆる哲学的な学においてずっと中枢を占めてきたのは、道徳学、つまり倫理学である。もし理論が哲学的な意味づけをアイロニカルに侵食するものなら――そこに関わる人々によってもっとも真面目なものだとみなされてきた――この領域をアイロニカルに脱構築せざるをえない。倫理学に対するアイロニカルな態度は、したがって、潜在的にルーマン理論におけるもっとも論争的で挑発的でラディカルな側面である。

ルーマンによる倫理学の再定義は、彼のアイロニーを示すもう一つの事例である[14]。まず彼は道徳性の意味を、コミュニケーション上の、尊敬と軽蔑の区別およびその配分に限定する。そのうえで、倫理学を「道徳性の再帰的理論」（Reflexionstheorie der Moral）と定義する。ルーマンによれば、哲学的な倫理学は理性がどこまで本来的に道徳的なのかを見極めようとするものだが、それに対してルーマンの再帰的な理論は別のアプローチをとる。それが明らかにするのは、道徳的理性を確認するという伝統的な試みは失敗したこと、そして理論的な倫理学の機能は、哲学的な倫理学とは対照的に、ただ道徳性の存在に警鐘を鳴らすことしかない、ということだ。哲学的な倫理学から理論的な倫理学への転換は、真面目な倫理学からアイロニカルな倫理学への転換である。倫理学はもはや道徳的理性の（哲学的な学という意味での）学問的探究ではなく、道徳的コミュニケーションの「脱構築」なのである。[15] 倫理的な理論は道徳性の意味と無意味を同時に明らかにする。哲学的な倫理学が照準してきたのはその意味の部分だけである。

アイロニカルな倫理学は自己批判的でもある。これは、伝統的・道徳的な意味で、倫理学者が自らの道徳的な行動を吟味しなければならないということではなく、倫理学にはその意味づけの限界と偶有性への内省が含まれるということである。哲学的な倫理学は、簡単にいえば、正邪、もっと正確には善悪の道徳的区別の正しい適用や意味づけを確認する試みである。他方、理論的な倫理学は、まさにこうした試みがいかにして――ニーチェの言葉を使うなら――「善悪を超えて」いるのかを描きだす。倫理的な哲学は、それ自体が善であると決めてかかり、それが確立する善なるものを擁護するしかない。それに対し、倫理的な理論は、道徳性を偶有的な意味構成の一つの形式だとみなす。この意味構成について理論的に考察することが、それ自体まさに道徳性と同様偶有的である。こうした観点をとれば、道徳性もその理論も、善でもないし悪でもない。倫理的な理論は、結局何が善で何が悪かを、あるいは倫理的な意味生成にどのような無意味が含まれるのかさえ、社会に示すことはない、いや示すことができないのだ。

ルーマンの倫理学では、道徳的コミュニケーションとその社会的病理の危険性が指摘される。アイロニカルな理性は、倫理学に適用されると、「否定倫理学」に帰着する。倫理学は道徳性の存在に警鐘を鳴らすものであるというルーマンの宣言は、したがってアイロニカルに理解されなければならない。もし大真面目に受け取ってしまったら、つまり道徳性は究極的に悪い、邪悪なものであるという倫理的な主張だと理解するなら、倫理学はそれ自体の存在に警鐘を鳴らさざるをえなくなり、もはや自己-批判的ではなくなる。* このように、おそらく哲学的な倫理学から理論的な倫理学への転換のもっとも重要な側面は、真面目な道徳性の提唱から（自己）批判的理性の行使への転換にある。伝統的・哲学的な倫理学にとってもっとも大きな問題は、自らの無意味性を真面目に考察する能力がない、ということだ。このように、今や学問だけではなく倫理学さえも、少なくとも理論においては、（ニーチェのいう fröhlich の意味で）「悦び」となりうるのである。

平静さ

アイロニカルではない倫理学は、とりわけ社会的、政治的文脈において、レトリカルな「衝撃と畏怖」作戦** を使う傾向がある。ルーマンに身近な社会的状況、つまり第二次世界大戦後の一九六〇

---

*もしルーマンが大真面目に「道徳性は悪い、邪悪だ」と主張したら、その主張自体が道徳的なものなので、（理論的な）倫理学としては、自分自身に対して「危険な道徳性の主張である」と警鐘を鳴らさなくてはならなくなる。したがって、理論的倫理学は、大真面目になるわけにはいかず、最後までアイロニーの意識をもっていなければならない、ということ。

年代から一九九〇年代のドイツでは、学界でも政界でも、新左翼がそうしたコミュニケーション・ツールを使っていた。まず、道徳的な義憤がつくりだされた――たとえば両親世代のナチ的背景について、ヴェトナム戦争とアメリカ帝国主義について、資本主義のピグ装置について、核兵器競争について、不平等な貿易のしくみについて、人権侵害について、原子力発電所や「死の森」について、その他環境破壊について等々。次に、それに対立する素晴らしい未来像が示された――つまり政治的解放、性的解放、公正で非営利的志向を基盤にした経済、万人にとっての政治的正義と平等な権利、非戦論と武装解除、風力発電、太陽発電、緑の良心《グリーン・コンシャス》等々。こうした手法のいい例としては、ドイツ左派の、ルーマンの論敵のなかでも際立った存在である、「支配なきディスコース」の提唱者ユルゲン・ハバーマス、そして「リスク社会」について考察したウルリッヒ・ベックが挙げられる。道徳的コミュニケーションは、ルーマンが倫理学に関する著作で指摘しているように、スキャンダラスなものを際立たせることによって、またそれを少なくとも暗黙のうちにカタルシス的な解放的癒しと対照させることによって機能する。このように、アイロニカルではない倫理学とアイロニカルではない理性は、多くの社会的・心理的な熱を生みだす。それは刺激的だ。人々は、近くにあるがまったく気づいていなかった悪いこと、壊滅的なことがすべて起こってしまうのではないかと衝撃を受けたり、憤ったり、脅えたりするだろう。またもし社会が自らの啓蒙を成し遂げたときには、ただちに手にすることができる素晴らしい解決に畏敬の念を抱き、それに魅惑されたり、熱情を感じたりするだろう。アイロニカルではない衝撃と畏怖の道徳性は、言い換えれば、怖れと望みという燃料をともに投下することで作動する。それは地獄のイメージを描くが、また癒しのための抱かれる場所を与えてくれもする。

社会に対するルーマンの態度とは、苦しみも楽しみも、危うさも慰めも、すべてを含みこむ、きわめて独特のものだ。もちろんルーマン理論は、今日世界に「広範囲にわたって、筆舌に尽くし難い規模で存在している」苦難に目をつむるわけではない。しかし理論は、衝撃と畏怖に満ちたこうした環境に次々と衝動的に反応していくのではなく、もっと別の態度を引き受けるのだ。それは「望みでもなく怖れでもなく」というラテン語の言葉（nec spe nec metu）で表わすことができる。ルーマンはこの言葉を、社会理論における、あるいはもしそう言ってよければ世界一般に対する「禁欲的《ストイック》な態度」を提唱するために、いくぶん遊び心をもって使っている。

私の考えでは、この言葉は、おそらく本章の冒頭で提起した「ルーマンのラディカリズムは私たちをどこに連れていくのか」という不適切な問いに対する一つの答えになっている。それは人々をある一つの態度――歴史的にも地理的にも異なっているにもかかわらず似ている三つの哲学、ストア哲学《ストイシズム》とスピノザ主義《スピノジズム》と道教《ダオイズム》の（存在論的でも認識論的でもない）実践的な側面を兼ね備えた態度へと導くのだ、と私は思う。パラドキシカルに、あるいはアイロニカルにではあるが、こうしてルーマンのラディカルなポスト哲学的な理論は、その存在論的な次元において、哲学史上もっと

＊＊イラク戦争時のアメリカの戦略。

も伝統的な知の教えへと、遡って繋がるのである。

ルーマン理論は、私がその輪郭を描いてきたように、人類を「社会学的侮辱」、すなわち社会操縦には限界があるという洞察に直面させる。私たちは宇宙の中心にいるわけではなく、「創造の帝王」でもなければ自分自身の心の支配者でもなく、ましてや社会的世界の自律的な創造主でもない。社会を良くするために哲学的な洞察や知を駆使するという過去の試みは見事に失敗した。理論は、哲学的イデオロギー的介入主義が全体として無力であることではなく、相対的に役に立たないということを認める。理論は、制御することができない環境に晒されているという基本的な「人間の条件」に対して、運命的なペシミズムを呈するのではなく、ただそれをストア哲学のように受け入れるのだ。この侮辱に対して、憤慨したり逆上したり、あるいはプロメティウスのような行動主義で、いわば神に打ち克とうとするのではなく、理論はむしろ平穏と恭順を選ぶ。この態度を、羊のように従順で何でも言いなりになることだ、と間違って受けとってはならない。この態度の本質は、（自己）アイロニカルな理性の洞察にある。そして理性の力とは、世界をまったく違う何かに変えようと目論むことにではなく、世界について、また世界において、意味を成すことにあるのだ。

こうした理論のストア哲学的な側面によって、理論家は潜在的な忍耐力――もしそれがなければほとんど耐えがたいことを耐える力――を養うことができる。世界を制御し社会を乳と蜜の流れる豊かな国へと向かわせることができないという理論の洞察は、精神の麻痺や敗北ではなく、安らぎと癒しをもたらす。劇的に表現すれば、アイロニカルではない理性は硬くする、アイロニカルな理性は軽くする、とでもいえようか。政治的な決定が社会や人類の未来について何も決めることができないということは、けっして悲劇ではない。むしろそれは抑圧を解放する一つのかたちなのである。究極的にどのような決定もなしえないということが、決定をしやすくするのであり、決定をより困難にするわけではない。「ストア哲学による政治」が原理主義的になることはほとんどないだろう。なったとしても問題になるほどではない。偶有性の余地は残されている。比喩的にいえば、一息入れるだけの余裕はある、ということだ。あるいは、アイロニカルにいうなら、理論は、私たちがものごとをもっと哲学的に見る――そして為す――ことができるように手を貸してくれるのだ。

　私たちが何もできないということではない。また私たちしだいで万事うまくいくと信じる必要もない。ストア哲学的な理論によって、人々が政治や社会活動に関わる気持ちが削がれるわけではないし、さらにいえば、どんなことであれやる気がなくなるわけではない。ストア哲学的な理論がめざすのはただ、世界の命運はまず私たちにかかっているといった政治活動家的――あるいは哲学的ともいえる――慢心に陥らないように仕向けることなのだ。政治的にいえば、理論のストア哲学的な側面は、その反イデオロギー的な態度に合致するだろう。理論はユートピアの計画や指針を信じない。そして信じないがゆえに、熱すぎる望みや痺れるような怖れ、そのどちらの罠も避けようとする現実主義的で実践的な政治へのアプローチと、無理なく手を結ぶことができるのである。

　理論のスピノザ的要素は、理論が知識の異なったレベルを認めているという点にみいだされる。理論的知識は、スピノザの第三の知識、すなわち永遠の相のもとの知識のアイロニカルな変容として記述されうる。理論的知識は、他の知識、つまり日常的知識（たとえば車で町へ行く道の知識）や非理論的な再帰的知識（たとえば自然科学の知識）とは異なる。そうしたさまざまな種類の知識は、相互に一致することも、矛盾することもない。ある知識において優れていても、別の知識においてどれくらい優れているかはわからない。理論家は、車の運転や修理が下手かもしれない、また機械工は理論を理解できないかもしれない。このことは、いくばくかの神の恩恵をもたらす。一方で、それは、宗教的あるいは伝統的な哲学的知識とは異なり、理論的知識を偶有的なものにする。誰もがその知識を手にする必要はない。そんなものなくても人はやっていけるし、もしその知識が世に出なかったとしても、世界が滅びることなどけっしてない。他方で、理論家は、宗教家や哲学の賢人とは異なり、理論的に卓越することによって誰よりも優れた人間になれると思うわけにはいかない。理論的知識は、無垢なのだ。何の使命もない、他にそれを分け与えなければならないという暗黙の義務もない、その知識をもっていれば完全な人間になれるといった含みもない。このように、理論的知識は、それをもつ人々を不当な要求から解放し、それをもたない人々を、彼らを変えようとする試みから救い出すのである。

理論的な専門知識は、人々にとってきわめて得難い特質である。それは奥義に近い。達成するのは困難だが、大きな社会的名声をもたらしてくれるとは限らない。せいぜい比較的収入の高い仕事について、さらに理論に携わる多くの時間が得られるくらいである。しかし、理論的な専門知識を得れば、かなりの精神的恩恵にあずかれる。排他的包摂という特異な視点から、世界を理解し解釈

——理論的な言葉でいえば、観察——することができるようになるのだ。観察の視点は、確かに世界に内属し、どのようにしても世界を超えることはできないが、それでも、理論を行なわない人々には手の届かないものだ。したがって、自分自身も含めて世界を見ることができれば、理論の相のもとに、何らかの心理学的な恩恵にあずかれるのだ。それはコミュニケーションの行使であるだけではなく、たいていの場合、きわめてはっきりと経験されうる独特の精神活動を伴っている。そうした理論的な精神状態は、不安も多幸感も引き起こさないがゆえに、理論を行なう人々を満ち足りた気持ちにさせるのかもしれない。それはまた、ウィトゲンシュタインが「神の手の中の安寧」や「絶対的安寧の感覚」の経験として描いたものともまったく違う。

理論家は、理論的コミュニケーションにおいて享受し呈示する、我を忘れることのない平静さを前提に、その同じもので社会を豊かにするという絶好の位置を占めている。理論は、ラディカルな平静さ（Gelassenheit）*、あるいは知性的なコミュニケーションの気楽さによって作動する。これを理論の道教的《ダオイスト》な側面とよんでもよい。だからもしルーマンが「抱かれるような場所」を用意することができないとしても、少なくともヨガマットのようなものを差し出してくれてはいるのだ。

＊ハイデガーの用語で、「放下」と訳される。肯定も否定もせずあるがままに放っておく、何もしないで待つ、という態度を表わす。

補遺　ニクラス・ルーマン――知の歩み

ニクラス・ルーマンは、一九二七年十二月八日、ドイツ、ハンブルク最南端の小さな町、リューネブルクに生まれた。父親は、ビール工場を経営し、地域の実業界に属していた。ルーマンは幼少期を「ナチ－環境」[1]で過ごした。彼は幼くして、当時ほとんど選択の余地もなくヒトラー・ユーゲント（ファシストの青少年組織）の一員となった。このときの経験を思い出すと彼はかなり不快な気持ちになる、それは行進や挨拶をいやいや行なっていたからだ。十五歳で空軍補助隊員として軍事訓練を受け、一九四四年の終わりには兵士として前線にかりだされ、ほどなくしてアメリカ軍の捕虜となった。しかし十八歳にも満たない年齢だったため、捕縛後すぐに解放された。

第二次世界大戦後、ルーマンは法律を勉強した。これは、彼が捕虜だったときに目のあたりにしたジュネーブ条約の違反（彼も殴られた経験があり、十八歳以上の捕虜仲間にはフランスの炭坑に送られ働かされた者もいた）に影響されたことが大きい。ルーマンは、フライブルク大学で主としてローマ法の歴史を研究し、一九四九年に最初の学位をとり、その後故郷の町のある法律家の下でインターンシップとして働いた。しかし彼はこうした仕事に飽き足らず、広域行政の法律部門に職をえて、さまざまな裁判所で助手として働いた。一九五〇年代には、ナチス時代に虐げられていたドイツ人の要求を調整する分野で州行政に携わった。ルーマンは、いかなる政治団体にもけっして属することはなかった。ルーマンによれば、政党に属さなかったことは、地元の消防士のお祭りで酔っぱらうことがなかなかできないというその気質と相俟って、公務員としてキャリアを積むには不利に働いたという。[2] またデカルト、フッサール、現象学者のアルフレッド・シュッツ、詩人のヘルダーリンや他の作家たちへの知的関心も、役所内で出世の見込みを増やすことにはならないと感じていた。ルーマンは一九六〇年に結婚し、妻のウルスラ（一九七七年没）との間に三人の子どもをもうけた。

仕事場に回ってきた書類のなかに奨学金の公募をみつけ首尾よく応募することができたので、ルーマンは一九六〇年から六一年にかけて、ハーヴァード大学で社会学を学ぶために一年間行政職から離れた。ハーヴァードではタルコット・パーソンズに師事し、社会システム理論への手ほどきを受けた。六二年、ドイツへ帰国後まもなくして、シュパイヤー行政専門大学校の研究所に職をえた。六八年には最初の博士号および大学教授資格（ドイツで大学教授職の資格を得るために必要な第二上級学位）を獲得し、ビーレフェルト大学——当時ドイツの知識人で指導的な立場にあった社会学者、ヘルムート・シェルスキーの学的管理のもとに設立された新しい大学——から招聘され教授職についた。六三年から六六年の間、ルーマンは、行政や社会学に関わるテーマで、七冊の本とさまざまな論文を書いた（共著者を含む）[3]。

ルーマンが大学教員になった当初、ドイツでも他国と同様、学生抵抗運動が起きた。彼は「糾弾される側、糾弾する側どちらにも立てない[4]」と感じていた。一九六九年にビーレフェルト大学社会学部の正教授になったとき、ルーマンは今後展開する研究計画をリストアップしなければならなかった。彼は、その計画は「社会の理論」であり、ざっと見積もって三〇年はかかり、経費はゼロだ、と明言した[5]。彼は当時の政治的・社会学的論争の理論的水準に飽き足らず、マルクスからウェーバー、デュルケム、ジンメルにいたるまで、古典的な社会思想家たちの誰一人として、現代社会を十分に記述することはできていない、と思っていた。こうした理論を、後に新しい社会の「超理論」とよぶものに置き換えたいと切望していたのである[6]。

一九七〇年代前半、ルーマンはフランクフルト学派、とりわけ当時その代表的論客であったユルゲン・ハバーマスとの論争によって、ドイツ思想界にその名を馳せた。いわゆるハバーマス＝ルーマン（あるいはフランクフルト－ビーレフェルト）論争は、共著書『社会の理論か社会工学か』（一九七一年）にもっともよいかたちで収められている[7]。ハバーマスとルーマンの間には、社会を理解する方法に関してきわめて大きな違いがある。方法論的にいえば、ハバーマスは社会の規範的再構成に寄与する批判理論を提唱している。彼がこの理論に求めているのは、社会をより平等でより公平でより正義に適ったものにするために役立つことだ。ルーマンは、いかなるイデオロギー的な傾向ももたない、まったく束縛のない記述的な方法を選択した。ハバーマスにとって、社会は人間の「生活世界」を構成するものであり、そのなかでコミュニケーション行為は相互理解へ差し向けられるものだとされている。したがってコミュニケーションがもっとも基本的な人間の活動であり、それが十分に合理的に行なわれさえすれば、社会的合意へいたり、少数者の多数者に対する支配を最小限にとどめることができる。ルーマンにとって、コミュニケーションは人間の相互行為に基づくものではなく、社会を操作する様式である。彼によれば、個人ではなく、コミュニケーション・システムがコミュニケイトするのである。たとえば、経済は金融取引のさまざまな形式を通じて作動するコミュニケーション・システムである。経済システムの機能を構成するのはこうした取引であり、たとえば銀行口座の所有の帰属先である人間ではない。ハバーマスの規範的‐人間主義的方法とルーマンの記述的‐機能的方法の基本的な違いを前提とすれば、その論争は、対話というより、社会が何であり社会理論は何を意味するのかをめぐる相容れない立場を誇示しあうものであった。ルーマンは後に、知的にいえば、この論争からはほとんど何も得られなかった、と述べている[8]。ルーマンの見解によれば、この論争が実りないものに終わったのは、彼自身の理論的な態度とハバーマスの政治的課題の間に根源的な違いがあったためである。

前述した古典的社会学者やフランクフルト学派の理論ではなく、主として社会の機能的側面に照準する新しい社会理論を構築しようとしたルーマンは、一九五〇―六〇年代に現われたサイバティクス的・構成主義的モデルへ向かい、それをパーソンズによる社会のシステム的な分析を発展・修正するために活用した。グレゴリー・ベイトソン、エルストン・フォン・グラーゼルフェルト、ハインツ・フォン・フォースターといった書き手、また論理学者・数学者であるジョージ・スペンサー＝ブラウンらの影響を受けて、彼はシステムを平凡な機械だとみなす第一次サイバネティクスから、社会システム理論にとって複雑な機械だとみなす第二次サイバスティクスへの転換をとり入れようとした(9)。ルーマンは、区別形成、自己／他者指示、認知的盲点などサイバネティクスの概念を社会理論へとり入れ、それによってパーソンズからますます離れていった。一九七〇―八〇年代には、チリの構成主義的進化論生物学者であるフンボルト・マトゥラーナとフランシスコ・ヴァレラおよびその協力者たちの仕事に関心を寄せるようになった。サイバネティクスの用語に加えて、ルーマンは、彼らのオートポイエーシスという生物学的概念、システム－環境の共進化という見方、構成主義的観察についての考えを合わせて、社会とコミュニケーションの理論へと統合したのである。

一九八四年にルーマンは最初の代表作『社会システム理論』を上梓する。この分厚い本に、ルーマンの社会についての「超理論」が、はじめて披露されている。すでに厖大な数にのぼっていたそれまでの出版物すべてと比較して、ルーマンはこの本を最初の「真の刊行物」とよび、それに対して、以前の著作は単なる「理論生産の基点となる双書(10)」にすぎない、とした。したがって、第二次サイバスティクスの構成主義と進化論生物学をとり入れた『社会システム理論』の刊行をもって、そしてそれ以降、ルーマンの社会システム理論ははじめて完成形になったといってよいだろう。ハバーマスは、とりわけ後者の影響が強いと考え、ルーマン理論の包括的分析のなかで、彼の理論にきわめて適切に「メタ生物学的」[11]という名称を与えている。ギリシアの形而上学者が物理学的概念を応用することで物的なものを超えた世界を説明しようとしたように、ルーマンは生物学的概念を非生物学的世界、とりわけ社会とコミュニケーシの記述的分析に応用したのである。

ルーマンは、その社会理論全体の輪郭を示した『社会システム理論』刊行後一〇年の間に、社会におけるさまざまなサブシステムの機能を具体的に明らかにする著作を世に問うている。たとえば、『社会の経済』（一九八八年）、『社会の科学』（一九九〇年）、『社会の法』（一九三三年、英訳『社会システムとしての法』）、『社会の芸術』（一九九五年、英訳『社会システムとしての芸術』）、『マスメディアのリアリティ』[12]（一九六六年）などがある。死後にも、政治、宗教、教育のシステムについての著作が出版されている[13]。そして一九九七年には、その社会についての一般理論をさらに包括的に概説する一一六四頁にも及ぶ新作『社会の社会』を著わした[14]。

社会の理論と特定の社会的・機能的システムの具体的記述に関して一般的な輪郭を示すという二つの方向性に加えて、ルーマンは「社会構造とゼマンティク」について多くの著作を残している。それは、社会の構造変化、言い換えれば意味論《ゼマンティク》の進化、すなわち概念、価値、語彙の発展に伴って進行する社会の進化についての歴史的説明である。その多くの（ときに長大な）論稿のなかで、ルーマンは、個人のゼマンティクや倫理のゼマンティク、そして『情熱としての愛』という単行本（一九八二年）のかたちで愛のゼマンティクの展開といった主題について論じている[15]。

四つめの方向性として、その時々に重要な政治的諸問題を主題とした論稿から成る著作群がある。

『エコロジーのコミュニケーション』[16]（一九八六年）という本は、社会と政治におけるエコロジーという主題をめぐるコミュニケーション的成功（ドイツではみどりの党の勢力の拡大にはっきり表われている）について考察したものだ。『リスクの社会学』[17]（一九九一年）という本は、ウルリッヒ・ベックによって提唱された「リスク社会」という概念が人気を博すようになったことを受けて書かれたものだと考えられる。この二つの単行本（またそれに関連した多くの論考）によって、ルーマンは政治的左翼との初期の論争を継続していたといえるかもしれない。左翼知識人たちの関心をひく一般的なテーマは、フランクフルト学派の関心事からエコロジー問題へと変わっていて、ルーマンはこうしたイデオロギー的言説をコミュニケーションの機能主義的理解を基盤に「脱構築」しようと試みたのだ。

その生涯の最後の一〇年間、ルーマンの著作には、かつてないほど（フランスの）ポストモダンへの意識や認識の高まりが示されている。たとえば、ルーマンは彼の中心的な概念である意味(Sinn) について言及するとき、ドゥルーズを頻繁に参照しているが、最初はフッサールから引用していた。デリダやリオタールといった著者たちもまた、ルーマンの後期の著作でしきりに論評されている。一九九三年、ルーマンは「第二次観察としての脱構築」という組織だった論稿をだしているが、そこで自分の方法と脱構築主義的な方法との類似点をはっきりと認めている[18]。ルーマンは、いつも「ポストモダン」という用語はミスリーディングだ――それは彼が近代という時代がまだ歴史的に終わっていないと信じているからである――と主張している一方で、それにもかかわらず自分の理論に関して、以下のように明言する、「これは結局ポストモダンの理論なのか。おそらくそうだろう、ただそうなら、ポストモダン的な概念の支持者たちは、自分たちが何について語っているのかをついに知ることになるだろう[19]」と。

『社会システム理論』の刊行によって、ルーマンは当時もっとも影響力のあるドイツの社会学者、そして二十世紀後半における主要なドイツの理論家の一人としてその地位を確実なものにした。彼の厖大な業績、約七〇冊の著作と五〇〇本にも及ぶ論稿は、社会科学、人文科学を問わずさまざまな専門分野で広く活用されている。イタリア語、スペイン語、英語、中国語、日本語をはじめさまざまな言語に翻訳され、その理論は世界中の人が利用(少なくとも入手)できるようになった。ルーマンは一九八八年シュトゥットガルトで、名誉あるヘーゲル賞を受賞し、一九九三年にはビーレフェルト大学で名誉教授となった。重篤な病気が進行し、一九八八年十一月六日、ルーマンはビーレフェルト市に近いエールリングハウゼンの自宅で息を引き取った。一九六九年にその輪郭を描いた三〇年にわたる学的営為が、まさにここに完結したのである。

社会の理論

ルーマンの社会理論は、彼が社会をコミュニケーションから成ると考えている以上、定義上、コミュニケーションの理論である[20]。彼にとって「社会」とは、生成しつつあるあらゆるコミュニケーションのことである。もっと正確にいうなら、彼は社会をコミュニケーション・システムの複雑な融合だと考えている。したがって、ルーマンのコミュニケーションの理論を理解するためには、まず一般システム理論の包括的な枠組みを理解し、この内部で社会システム理論のより精密な枠組みを理解しなければならない。ルーマンのコミュニケーションの理論は、このより大きな理論的文脈に埋めこまれているのである。

システム理論には二つの世代があり、ルーマンは第二世代を代表する論者の一人である。後者の諸概念は、「第二次システム理論」「第二次サイバネティクス」「第二次創発[21]」の諸理論を構成するものとしてさまざまに記述されてきた。『社会システム理論』の序論で、ルーマンは、全体／部分の区別に基づくシステム概念からシステム／環境の区別に基づくシステム概念への切り替えを指摘することによって、彼のいう「システム理論のパラダイム・チェンジ」について論じている。したがって第二次システム理論を「システム－環境理論」、あるいは「エコロジカル・システム理論」——どちらも広く使われてはいないが——とすらよぶことができるだろう。ルーマンは、第二次システム理論の特徴を、第一次と比較して次のように要約する。

システム分化は、システム内部でシステムと環境の差異が反復されることにほかならない。それを通じて、全体システムは、それ自身のサブシステムの形成のために自らを環境として利用し、それによって、究極的に制御不可能な環境をより精密に濾過することで、そうしたサブシステムの水準で、より高次の不確実性を達成する。その結果、分化したシステムは、もはや単に、比較的多くの諸部分や諸関係から成っているのではなく、むしろ非常に多くの操作的に使用しうるシステム／環境の差異から成っているのである。そうした差異の一つ一つが、異なる切断線に沿って、サブシステムと環境の統一としての全体システムを再構成する。(22)

これこそ、ルーマン独特の難解で高度にテクニカルな文章である。これを具体的なアナロジーによって、少しでもわかりやすいものにしてみよう。アナロジーは、ルーマン自身がきわめて頻繁に(マトゥラーナとヴァレラから)借用している学問、つまり生物学からもってくることにする。身体の「普通」の概念は、身体を個々の部分から成る全身的な、あるいは有機的な全体だとみなす。たとえば、肺、心臓、肝臓等々の器官がこうした部分にあたる。身体は、機能する全体に貢献する部分の集合だとみなされる。部分つまり器官は、それらがより大きな全体ないし有機体を形成し、統合された一つのメカニズムとして機能しうるように結びあわされている。身体にはもう一つの(もっと複雑な)見方がある。それは身体を器官というよりシステムから成っているとみなす。免疫システム、心臓血管システム、神経システムなどを考えればよい。こうしたシステムは、ある特定の場所にあるわけでもないし、合わせてまとめられるようなそれぞれが独立した要素でもない。それらは、身体全体に作用する機能的なプロセスであり、文字通り身体の部分であるわけではない。一つ一つのシステムは「操作的に閉じている」。たとえば血液の循環は、次々に血液が循環することによってのみつづいていくことができる。他のどんな身体システムも、この機能を引き受けることはできない。それにもかかわらず、この血液の循環がつづいていくために、その環境を成す他のシステムが、たとえば免疫システムが、同時に機能していなければならない。血液の循環が止まれば免疫システムは機能しなくなり、また免疫システムが機能しなくなれば、血液の循環は止まる。人間の身体のような複雑なシステムの内部には、相互に環境を提供しあうような厖大な数のサブシステムが存在する。こうしたシステム間の関係は高度に複雑で、広範囲にわたってさまざまな切断線を形成している（心臓血管システムと免疫システムの間、神経システムと心臓血管システムの間、免疫システムと神経システムの間など）。身体の機能という観点からみて複雑性が増大していると いうことは、サブシステムの一つ一つのほうが、どんな一つの器官よりも、システム全体の機能にとって不可欠であるという事実から明らかである。器官は、正常に機能しなくなれば取り換えることができるが、免疫システムや神経システムをどうやって取り換えるというのだろうか。

言い換えれば、第一次システム理論は、システムをインプット－アウトプットをもとに機能する「普通の機械」だとみなしている。たとえば自動販売機は、いくつかの機械的部品から成る一つの全体だと考えられる。その全体の機能は、ある特定のインプットが機械的に、したがって必ずある特定のアウトプットを生みだすことによって、外部から操ることができる。一ドル入れてどこかボタンを押せば、その機械から一つのカンを取り出すことができる、というわけだ。車の運転やコンピュータの操作、ロケットの操縦も、「操縦学」という意味のそうした機械論的サイバネティクスに基づいて、同じように説明することができる。

それに対して、第二次サイバネティクスは、「普通」ではない、「複雑な機械」――たとえば本質的に器官ではなくシステムから成る身体――だとみなされる第二次システムをどのように扱うかに照準する。[23] こうしたシステムはきわめて複雑なので、予測することが難しく、簡単に操ることができない。たとえば、ある経口薬を服用したとき、あるいは二酸化炭素を空中に排出したときのアウトプットを正確に予測することなどできない。かかる「インプット」に対する「アウトプット」と同定されうるたった一つの出来事さえ特定できない。薬というインプットは、身体内のさまざまな複雑なサブシステム－環境関係にさまざまな複雑な影響を与える。また空中への二酸化炭素のインプットは、地球規模の天気を構成するさまざまな複雑なサブシステム－環境関係にさまざまな複雑な影響を与える。

もう一つ、第一次と第二次のシステム理論の間には、それぞれの変化の概念に関して決定的な違いがある。厳密にいえば、第一次システムが被る変化は、完全に外的な――つまりアロポイエーシス的な、「外的に生みだされる」――要因に起因する。自動販売機は、満杯の状態から空の状態へ、あるいは空の状態から満杯の状態へと変化するが、それは人がそのなかに入れるものしだいで決まる。あるいはその機械は、晒されている外気の湿度によって、錆びていない状態から錆びた状態へと変化するかもしれない。第二次システムは創造論的に（つまり、すべての変化が外部から創りだされるように）変化するのではなく、進化論的に（つまり、変化が内部から生みだされるように）変化するのである。したがって第二次システムは、オートポイエーシス的、つまり「自己生成」的だとみなされうる。種の進化（その内部では、人類は明らかにインプットでもありアウトプットでもある）、あるいは気候の変転（それに対して、人間の活動はインプットになり、またアウトプットとして影響を受ける）は、外部から操縦されるのではなく、自己操縦しているのである。しかしこの自己操縦は、ほとんど操縦とはよべないものである。なぜなら進化も気候の変化も、心に描かれた特定の目標によって生じるわけではないからだ。両者とも目的論的ではない。第一次サイバスティクスの操縦理論の関心は、一定のインプットによって望ましいアウトプットが得られるようにいかにシステムを操縦するかということにある。それに対し、第二次サイバネティクスは、たとえば地球の気候、生物学的器官、精神、そしてルーマンにとっての「社会」のようなオートポイエーシス的な第二次システムに関しては、外部からの操縦は不可能だと考える。こうしたすべてのシステムにとって、インプットはアウトプットでもあり、またアウトプットはインプットでもある。言い換えれば、インプットとアウトプットは、フィードバックの環によって内的に結び合わされているのである。オートポイエーシス的システムは内在的な――つまりその内部が外部になり、また外部が内部になるような――システムなのである[24]。

システム理論家として、ルーマンは「われ思う」と「われ在り」、すなわち精神と身体という二つの基底的な実体の共在を提唱する伝統的なデカルト的二元論者ではない。彼はむしろ、少なくとも三つの――おそらくそれ以上の――異なるオートポイエーシス的なシステムが存在すると仮定する「三元論者」だった[25]。こうしたシステムは、それぞれ異なる仕方で作動するため、まったく異なるっている。身体のような生物学的システムは、血液の循環、神経の活動、消化、生殖、細胞分裂といった生命過程を通じて作動する。精神システムは、思考、感情、情動といった精神的な作用を通じて作動する。ルーマンは自らを社会学者だとみなしているので、何よりも第三のシステム、すなわち消化も思考もしない社会システムに照準する。社会システムは、コミュニケイトする。第二次システムの生物学者は身体内部のさまざまなサブシステムの機能および互いに及ぼす効果を記述したいと思っていた。それとまったく同じように、ルーマンは社会におけるさまざまなコミュニケーション・システムの機能および相互カップリングを記述しようとしたのだ。たとえば貨幣や金融商品が循環している経済システムがあり、権力が生成され貫徹される政治システムがあり、何が法で何が法でないかという区別を打ち立てることで作動する法システムがある。人間の身体が、その内部であらゆる種類のさまざまな機能システムを、「創発」を通じて進化させ発展させてきたのとまったく同じように、社会もまたコミュニケーションによる作動に関して、とうていありそうもない多くの道筋を（進化論的に可能な無限の範囲で）生みだし、進化させてきたのである。したがって社会は基本的に、社会的進化の過程を通じて多かれ少なかれ偶然に、つまり偶有的に生起するさまざまな種類のコミュニケーションから成っている。社会的「生」（比喩的にいえば——なぜなら社会は生きていない、身体だけが生きているのだから）は、法的、政治的、経済的、性的、教育的、学問的、宗教的、医学的コミュニケーション等々というかたちで生起している。こうしたすべての種類のコミュニケーションは、社会の内部で機能するオートポイエーシス的システムとして現われる。社会の内部で、こうしたシステムはすべてお互いにとって環境でもある。

さらにいえば、社会とコミュニケーション・システムは、精神と身体、つまり精神システムと生物学的システムという社会外の環境の内部で発展してきた。社会の環境のなかに身体と精神がなければ、コミュニケーションは存在しない。それは水がなければ魚が存在しないのとまったく同じである。しかし魚と水を混同してはならないように、社会やコミュニケーションを「人々」と混同してはならない。人間が考え生きているということは、どんなコミュニケーション・システムであろうと、それが進化するために必要な環境条件である。もし生きている人、考える人が一人もいなければ、どのような社会も存在しえない。それにもかかわらず、人間の生命、人間の思考や感情は、コミュニケーション的な作用ではない。つまりそれは社会の外部で機能する。「コミュニケーションだけがコミュニケイトする」[26]のであり、人間がコミュニケイトするのではない。これこそ、ルーマンの社会システム理論が生んだ、もっともラディカルなコミュニケーション理論の言明であるといえるだろう。

コミュニケーションの理論

ルーマンが自ら宣言する「ラディカルな反ヒューマニズム的」社会理論は、同時にラディカルな反ヒューマニズム的コミュニケーション理論でもある。[27] 繰り返すが、これは、人間の思考や生命なしで人間のコミュニケーションが不可能であることを否定しない。むしろこの常識的な仮定がいかに正当かを裏づけているのだ。またルーマンが人間と人間の身体や精神に反旗を翻しているわけでもない。彼はただ、人間主義的――あるいはおそらく人類学的――概念が、コミュニケーションを理論的に記述し分析するには適さないと思っているだけだ。ルーマンは、コミュニケーション、生物学的プロセス、精神プロセスは、お互いに操作的に閉じている、と考えている。それらは存在するためにお互いを環境として必要としているが――またこの相互の存在依存性をルーマンは（再びマトゥラーナとヴァレルから借用し）「構造的カップリング」とよんでいるが――、それらの操作に「接続性」はない。つまり血液の循環が、血液の循環について考えることによってつづいていく、などということはありえない――血液は実際に流れなければならない。同様に、ただすべての正しい答えを暗記しているだけで試験に合格できるわけではない。実際に何かを書かなければならない。教員に採点されるのは、書かれたものだけであって、書いているときに考えていることではない。成績の評価は、教員が答案を読んでいるときに実際に考えたり感じたりしていることを示しているわけではない（それが教員、学生双方にとってありがたいこともある）。答案は、それを書いている人のなかで起きている（身体的過程はいうまでもなく）いかなる精神的過程も表わすことがない、表わすことができないコミュニケーションの産物なのである。成績の評価は、いかなる心理学的意味においても、教員の思考のなかで起きている何かを表わしてはいない。そうでなければ、八〇点をつけたすべての教員は、それをつけているときに、まったく同じ、あるいはほとんど同じことを考えていた、ということになってしまう。

ルーマン理論がめざすのは、あらゆる精神的・人間主義的なコミュニケーションの定義を、純粋に機能的な定義に置き換えることである。彼は、コミュニケーションを「表出」や「交換」、「行為体」などによって語ることを、厳格に避けている。送り手も受け手もない、そして伝達されるものなど一切ないのだ、少なくとも精神的あるいは身体的には。あなたの口座から私の口座へお金を移行させることは、私たち二人に「あてがわれた」口座間で行なわれる金融上の取引であり、この場合あなたの精神や身体から私の精神や身体に何も「交換されたり」、「移送されたり」していない。これと同じことが、ルーマンのいうあらゆるコミュニケーションに当てはまる。もっとも親密な恋人同士の間でさえ、お互いの考えていること、感じていることを文字通り交換することなどできない。エヴァ・ノットは、『社会システム理論』の序言で、この不可能性から生じる「解釈の絶望」について、きわめて印象的な言葉を残している。「十九世紀のドイツの劇作家ゲオルク・ビューヒナーが『ダントンの死』の冒頭で描いていることが、解釈の絶望を示す主要な場面であることはすぐに理解できる。二人がいかにわかりあっているか、その絆を確かめようとする恋人に対して、主人公は彼女の額に向けて無言の身ぶりをしながらこう答えた、「そこ、そこか、その後ろに何がある？　よしてくれ、ありのままの気持ちがあるなんて。互いにわかりあうためだって？　それなら、お互い頭蓋骨をかち割って、脳繊維のなかから考えていることをひっぱり出してこなければならないね」(28)。しかしもちろん、脳繊維のなかに、考えていることなど（幸いにも、と付け加えてもいいが）見つかりはしない。脳や心、そして（親密な）コミュニケーションでさえ、お互い操作的に閉じている。脳やコミュニケーションのなかには、思考も感情も存在しない。思考も感情も、精神システムの操作にとどまっている（きわめて興味深いことだが、思考や感情が脳のなかに位置づけられているという現代に共通の前提は、心臓が精神活動の器官であるという古代ギリシアや中国の前提と同じく確証があるものではない）。

認知的・人間主義的な交換モデルあるいは表出モデルの代わりに、ルーマンはコミュニケーションの「機能」理論を提唱する。定義に環境（たとえば人間）を含めることによっては、コミュニケーションは十分に定義することはできない。コミュニケーションを思考や考えによって定義することは、精神プロセスを脳生理学によって定義するのと同じくらい誤解を招きやすい。ルーマンは以下のようなコミュニケーションの定義を提案する。コミュニケーションとは、伝達（Mitteilung）[29]、情報（Information）、理解（Verstehen）という三つの契機《モメント》あるいは「選択」の機能的統合である。

言語は、もちろんコミュニケーションを行なう一つの方法である。しかし記号、身振り、貨幣や（試験の）評価といったメディアなど、他にもたくさんの方法がある。コミュニケーションが働くためには、右の三つすべての選択がそろわなければならない。教務係に成績の登録をしに行くとき、私は当然この情報の報告が理解されると思っている。私はその教務係に一度も行ったことはなく、そこにいる人を誰一人知らない。どのような人々なのか、どのようにものを考え感じているのか、何一つ知らない。そして彼らも私のことを知らない。私たちはお互い口をきいたことも、個人的にメールを交換したことさえないのだ。それにもかかわらず、私たちのコミュニケーションはたいてい完璧に行なわれる。私が表に成績を書き入れると、教務係のなかで、その数字がある学期末にある授業を担当した教員によって報告された学生の成績の情報であるということが、ともかく理解されるのだ。もう一度言っておこう。確かに、このコミュニケーション過程の環境には、それが起きるために、あらゆる種類の精神的、身体的な出来事が必要である（学生や先生や事務員が、生きていて考えなければならない）、しかし機能的観点からいえば、このコミュニケーションは操作的に、こうした特定の精神的、身体的操作から独立しているのではなく、切り離されているのである。ここに交換はない、つまり成績がある人からある人へと文字通り与えられるわけではない。そして「理解」は正しいものである必要はない。多くの学生が私の講義を誤解することなどしょっちゅうあるが、それで講義ができなくなるということはない、むしろ事態は逆である。もし彼らがいつもただちに私の言うことを理解したとしたら、講義をする必要などほとんどなくなってしまう。完璧な誤解によって試験に落ちることは、試験に合格することとまったく同じように、（コミュニケーションとして）機能する。両者とも、数字による成績の評価を可能にし、教育システムの存続に寄与しているのである。

コミュニケーション・システム、したがって社会は意味（Sinn）を構築する。「意味」とは、ここでは、何かがある意味づけを獲得する可能性の「地平」（ルーマンはこの言葉をフッサールから借りている）をさす。八〇点という成績の付与がある意味づけを獲得するのは、それが成績評価方式や成績証明書発行の実務、就労や大学院課程への受け入れの選別基準としてそうした成績証明書を確認すること等々、そうした有意味な地平の内部で起きる限りにおいてである。ルーマンによれば、コミュニケーション・システム（したがって社会システム）と精神システムは、「意味－過程のシステム」である。それらは意味を生みだし、それを生みだしたことを基盤に作用する。その表出という文字通りの意味で、コミュニケーションは意味を成す、つまり構築するのである。

　社会内にあるさまざまなコミュニケーション・システムはすべて意味を構築する。「ラディカル構成主義者[30]」としてルーマンは、社会は何であれ前社会的な普遍的特質を基盤に機能するとはまったく考えていない。何かに経済的な価値があること、何かが芸術作品として認められること、ある行為が合法／違法であるとみなされること、政治権力というものがあること、宗教的な制度や信念があること――これらすべてのことは、ルーマンによれば、コミュニケーションによる構成のさまざまな結果なのである。ルーマンは、たとえば『国家』におけるソクラテスとは異なり、「正義という理念」を研究に値する主題だとは思っていない。彼にとって――その社会構成主義からほんの一例を挙げるなら――、正義とは法システム内部で生みだされる「偶有性の形式」である[31]。この形式のもとで、法システムは際限なく作用しうる。それは、かつて合法でも違法でもなかったものごとを、たとえば家での喫煙を、ある場合には合法に、他の場合には違法にすると宣言できる。こうした法律は、未来において再び変更されうる。同時に、法システムにおけるこうした操作が、その環境における他のシステムを、独自の仕方で共振させる。たとえば、マスメディアは、スキャンダラスなニュースを構成する新しい機会を得る。映画祭でインタヴューを受けているときある映画スターが煙草を吸っていた、ということが報じられる可能性はある――もし喫煙に対して法の偶有的な形式が創造的に適用されることがなかったら、これはテレビのニュースにはならなかっただろう。

生物学的システムは何ら特別な進化的目標をもたず、生殖や増殖へと向かう。これがうまくいくときもあれば、いかないときもある。ある種は生き残るが、他はそうではない。コミュニケーション・システムは目的論的に発展しない。法的コミュニケーションや法システムが増えても社会がより公正になるわけではない。政治的コミュニケーションや政治システムが増えても社会が強くなるわけではない。コミュニケーション・システムは進歩しない、また私たちはお互いよく理解しあうことはないが、「接続性」の創出によって進化していく。コミュニケーション・システムはその操作をつづけるためのメカニズムを発展させるのだ。一つの選挙が、次の選挙を可能にする、今日のニュースが明日のニュースを可能にする、そして今日の新しい条例が明日の新しい訴訟を可能にするのだ。

こうして、究極的にはいかなる意味も確定できないにもかかわらず、それでもコミュニケーションは意味を成す。進歩へ繋がることもなく、コミュニケーションはただ新しい機会を提供する。そしてコミュニケーションは、私たちをお互いに完璧には理解させることはなくても、それでも理解しあっているという幻想を与えるのだ。「実際、理解とは、実践的にはつねに、誤解だとはわからない誤解なのである[32]」。

批判と反響

ルーマンの明白な「ラディカルな反ヒューマニズム」は、当然広範囲におよぶ批判を生んだ。そのほとんどは、一九七〇年代のフランクフルト－ビーレフェルト論争へ遡ることができる。ルーマンとフランクフルト学派の立場は、お互いいかなる現実的な修正もできないほどかけ離れていたので、その論争は決定的な違いと共存不可能性をはっきりと示しただけだった。フランクフルト学派の試みは、哲学――この場合はコミュニケーションの理論――は、世界を解釈するだけではなく、変えようとしなければならない、というマルクスの有名な言明に従おうとするものだと理解できる。(33)ハバーマスとルーマンのもっとも大きな理論的違いは、方法論的なものである。ハバーマスは、社会におけるコミュニケーションをさらに合理的にすることで社会を改善したかったのだ。それに対しルーマン理論は、何よりも記述的であっただけでなく、社会を操るという試みの限界を示そうとするものでもあった。現代社会のコミュニケーション・システムが高度に複雑であることを前提に、そうした試みはあまり役に立たないと彼は考えていた。キングとソーンヒルは、政治と法に関するルーマン理論の研究において、フランクフルト学派の著者たちからの直接の批判も、またその筋からの似たような批判も含めて、ルーマンにずっと浴びせられてきた批判を手際よく要約している。こうした批判は、ルーマンのコミュニケーション理論に対する同様の批判を表わすものに、容易に修正できる。二人が挙げているさまざまな批判の修正版があれば、ルーマンは以下の点において糾弾されることになるだろう。

・コミュニケーションを社会の進歩のための装置とみなすことを拒否している点。
・コミュニケーションにおける人間の主体性を説明していない点。
・理論的な考えとして、新保守主義以上のものを提示していない点。
・コミュニケーションの正当性／正統性や価値という普遍的な調停者としての合理性を拒絶している点。
・コミュニケーションに関する現代の政治的・社会的問題の論争に関わろうとしない点[34]。

イデオロギー的に偏向した専門集団からこうした根源的な批判を受けたにもかかわらず、ルーマンの理論は人文科学・社会科学の非常に幅広い専門領域に重要な影響を与えた[35]。この影響は、広範囲におよんでいたとはいえ、ほとんどはヨーロッパとラテンアメリカに限られていた。彼の理論がそのまま受け入れられたのは、ドイツ、イタリア、英国、スペイン、そしてヨーロッパ以外ではスペイン語、ポルトガル語圏であり、北アメリカでは、かなり限定的な受容にとどまった。その理由はいろいろ考えられるだろう。私は二つの理由があると思う。一つは彼のコミュニケーション理論が反ヒューマニズムに立脚していることである。それは市民社会の自由主義的、共同体主義的な考え方に基づく北アメリカの支配的な言説とは対立するものである。そしてもう一つは、何といっても読者を拒否するようなその文体である。多くの著作が英語に翻訳され、いまも翻訳されつつあるといっても、そのわけのわからない複雑に入りくんだ文体は、北アメリカの読者には魅力的ではなかった[36]。

北アメリカの大学人はルーマン理論をあまり学びたがらないにもかかわらず、その重要性はますます増しているといってよい。その理由として特筆すべきはおそらく、ルーマンがくっきりとその輪郭を描いたコミュニケーションの反ヒューマニズム的な側面が、世界のまさにこの地においてとりわけ明らかになっているからだ。経済やマスメディア、政治における最近の展開がいま切に必要としているのは、分析的な記述である。それは、少なくとも私の見解では、たとえば二〇〇八年に起きた経済危機のような現象を「強欲」といったあまりに単純でヒューマニズム的な言葉で説明するより優れている。おそらく次に引用する言葉は、北アメリカのコミュニケーション研究においてルーマンの仕事が将来どのように受容されるかを示しているだろう、「コミュニケーションは、もっと一般的にはメッセージの伝達は、個々の認識の問題というより社会的な構造／過程の諸側面である。これらすべてについて論理的思考をはじめたのが、ルーマンだった[37]」。

注〔文献の短縮形については巻末の「文献の短縮表記」を参照〕

まえがき

（1） Globalization 参照。金融危機に関する優れたシステム－理論的分析として、Elena Esposito, *The Future of Futures: The Time of Money in Financing and Society*,（Edward Elgar Pub, 近刊）がある〔二〇一一年に刊行〕。

（2） Globalization, pp. 69, 77, 74.

（3） Ibid., p. 74. ルーマンはこうつづける、「そしてその場合の災難は、もはや搾取でも抑圧でもなく、無視である。この社会は、環境についてきわめて特異な区別をする。たとえば、エコロジー問題について利用可能な資源と利用不可能な資源、あるいは人間一人ひとりについて（排除された）身体と（包含された）人格を区別する」。

（4） Michael King, "The Construction and Demolition of the Luhmann Heresy, "*Law and Critique* 12（2001）: 1.

（5） Globalization, pp. 67, 72, 75.

（6） Ibid., pp. 76, 67.

（7） Ibid., p. 76.

(8) Ibid., p. 77.

第一章　トロイの木馬

(1) 英語圏においてルーマンの仕事がどのように受容されているかについては、Cary Wolfe, "Meaning as Event-Machine, or Systems theory and 'The Reconstruction of Deconstruction,'" in *Emergence and Embodiment : New Essay on Second-Order Systems Theory*, ed. Bruce Clarke and Mark B. N. Hansen (Durham: Duke University Press, 2009), pp. 220-245を参照。ただ、合衆国、英国、カナダにおいてルーマン理論が重要性を増しつつあることを示すものもある。たとえば合衆国において、ルーマンはポスト・ヒューマニズムの理論に多大な影響力をもっているが、その例としては、N. Katherine Hayles, *How We Became Posthuman* (Chicago : University of Chicago Press, 1999)、また新しいものではBruce Clarke, *Posthuman Metamorphosis: Narrative and Systems* (New York: Fordham University Press, 2008), Cary Wolfe, *What Is Posthumanism?* (Minneapolis: University of Minnesota Press, 2010)がある。

(2) それ以上にルーマン理論の好意的受容の妨げになっているのは、おそらくその理論自体である。実際に努力を惜しまずルーマン理論を読んで理解しようとした北アメリカの学者たちが、この過程を経てなお以前にもまして愕然とするのは、珍しいことではない。北アメリカの社会理論にしっかり根づいている「自由の正統性」、その基本的なコンセンサスに対するルーマンの根本的な反対とその脱構築は、それによって育まれそのなかでいまだ繁栄を享受している大多数の人々にとっては、ぐっと呑み込んで受け入れるにはあまりにも大きすぎるのだ。いかなる社会理論も、基本的な人間主義的仮定の根底をなす「市民社会」「自由」「解放」「民主主義」「正義」といった諸概念を、ルーマン理論ほど徹底的に否定することはほとんどない。合衆国やカナダにおいて彼の影響がかなり限定的なものにとどまったのも何ら不思議ではない。Rodrigo Jokisch は、"Why Did Luhmann's Social Systems Theory Find So Little Resonance in the United States of America?" in *Addressing Modernity: Social Systems Theory and U. S. Culture*, ed. Hannes Bergthaller and Carsten Schinko（Amsterdam: Rdopi, 2001）において、ルーマンが北アメリカでさしたる成功を収めていないことについて、同様の分析を行なっている。この点については、第三章でさらに詳しく論じる。

（3） P, p. 200. この書物は、カイ＝ウーヴェ・ヘルマン（Kai-Uwe Hellmann）が編集している。ここで引用したインタヴューも彼が行なっている。初出は "Systemtheorie und Protestbewegungen. Ein Inteerview," *Forshungsjournal Heues Soziale Bewegungen* 7, no. 2（1994）: 53-69 である。

（4） P, p. 74. このインタヴューはもともとドイツの左翼系新聞 *Tageszeitung*（一九八六年十月二十一日）に、"Systemtheorie und Systemkritik, Ein Interview mit Heidi Renk und Marco Bruns"〔『ルーマン、学問と自身を語る』土方透・松戸行雄共編訳、新泉社、一九九六年、一一三―一一八頁、「8トロイの木馬」〕というタイトルで掲載されている。

（5） 私がここで使っている sublate という言葉は、ヘーゲルの Aufhebung という概念の一般的な英訳である。したがってそれは、「より高い水準へ上げること」「否定し乗り越えること」「保存し維持すること」という三つの意味をもつ。

（6） SS, p. 37; 強調は原文〔『社会システム理論』（上・下）佐藤勉監訳、恒星社厚生閣、一九九三・一九九五年、六三頁〕。

第二章　彼がこれほどの悪文を書いた理由

（1）ハーバート・ギンタス（Herbert Gintis）によるレヴュー。www.amazon.com/Luhmann-Explained-Souls-Systems-Ideas/dp/0812605984/ref=ntt_at_ep_dpi_3 参照。

（2）日ごろどんなふうに論文を書いているのか尋ねられると、ルーマンは次のように答えた。「何もすることがなければ一日中書いています、朝八時半からお昼まで。それから犬を連れてちょっと散歩に出かけます。そして午後は二時から四時まで少し時間があるので書いて、また犬の散歩……。ああ、それから夜も十一時くらいまではたいてい書いています……。ただ言っておかなくちゃいけないけど、私は何ごともいやいやるということはない。こう書けばいいってすぐにわかるから、ただ書いているだけです。ちょっとでも行き詰まったら、やめて何か他のことをします」。インタヴュアーがルーマンのする「他のこと」とは何かと尋ねると、「ああ、他の本を書くということです。私はいつも何冊かの本を同時に書いていますから」と答えた（SC, p. 29）。

（3）Ibid., p. 27.

（4）Ibid., pp. 26, 28.

（5）読者はまもなく英語で読めるルーマンの本を一冊手にすることになるだろう。タイトルは『システム理論入門』（*Einführung in die Systemtheorie*, Heidelberg: Carl-Auer-Systeme, 2002）、ルーマンの死後出版された講義録の英訳で、最初に読むルーマン本としてお薦めである〔Trans. Peter Gilgen, *Introduction to system theories*,Polity,2012. ディルク・ベッカー 編『システム理論入門――ニクラス・ルーマン講義録1』土方透 監訳、新泉社、二〇〇七年〕。

（6）SS. p. 4〔日本語訳一九頁〕.

(7) Ibid., p. xxxvii〔英語版序文の冒頭部分。原著にはない〕。

第三章　第四の侮辱

(1) GG, pp. 35, 24. 英訳はとくに断わりがない限り私の手になるものである。

(2) Danilo Zolo, *Democracy and Complexity: A Realist Approach* (Oxford: Blackwell, 1992), p. xi.

(3) *Thomas Jefferson on Democracy*, ed, Saul K. Padover (New York:Penguin, 1946), p. 13 に引用されている。

(4) On Luhmann and posthumanism, Cary Wolfe, *What is Posthumanism?* (Minneapolis: University of Minnesota Press, 2010), pp. 249-263 を参照。

(5) たとえば、RM, pp. 3-4 を参照。

(6) Jürgen Habermas, "Excursus on Luhmann's Appropriation of the Philosophy of the Subject through Systems Theory," in *The Philosophical Discourse of Modernity: Twelve Lectures*, translated by Frederick G. Lawrence (Cambridge, Mass.: MIT Press, 1987)〔ハーバーマス『近代の哲学的ディスクルスI』三島憲一ほか訳、岩波書店、二〇一四年〕. 引用は p. 372。私の草稿に目を通した校閲者の一人は、この言葉を「メタ生物的」という言葉に変えた方が適切ではないか、と言ってくれた。ルーマンが、リチャード・ドーキンスやE・O・ウィルソンのような生物学的決定論に与しているという間違った印象を避けるためである。私もまったく同感で、ルーマンは生物学的決定論者でも社会的ダーウィン主義者でもないと思う。しかし少なくとも私の読む限り、それにつづく引用において、ハバーマスはこうしたことは言っていない。ハバーマスはただ、ルーマン理論は初期の機械論的社会理論を踏襲しているのではなく、むしろ社会を有機的な、エコロジカルなやり方で見ている、と指摘しているだけだ。
(7) この問題に関するさらに詳細な議論は第五章を参照。
(8) Mind, p. 371.
(9) この問題に関するさらに詳細な議論は第八章を参照。
(10) Limits, pp. 49-50, 48.
(11) OM, p. 35.
(12) Limits, p. 47.
(13) Ibid., p. 48.
(14) Ibid., p. 42.
(15) Kapitalismus, pp. 193-194.
(16) John Gray, *Al Qaenda and What It Means to Be Modern* (New York: New Press, 2003), pp. 47, 43.
(17) Sigmund Frued, Darstellungen der Psychoanalyse (Frankfurt/Main:Fischer, 1969), pp. 130-138.
(18) Kapitalismus, p. 194.
(19) Chirurg また Parteien, pp. 44 も参照。このなかで、ルーマンは市民社会の概念を「共感のユートピア」とよんでいる。
(20) Kapitalismus, p. 197.
(21) PG, p. 113.
(22) Ibid., p. 135. 厳密にいえば、民主主義は主権のパラドクスに基づく。「民主主義とは、民衆自身が統治することである。では誰を(統治するのか)? もちろん民衆を、である」(PG, p. 353)。逆説的に、民衆は自らに命令を下し、同時に自ら従うのである。こうした自己－記述は、ルーマンに、政治の機能に対する適切な分析としては受け入れ難い目的論的概念を思い出させる。操縦のゼマンティクと同様、民衆のゼマンティクは、主として象徴的な力であるように思われる。

(23) この批判の要約として、Michael King and Chris Tornhill, *Niklas Luhmann's Theory of Politics and Law* (New York: Palgrave Macmillan, 2003), p. 204 を参照。

(24) Limits 参照。

(25) 分析的多様性の倫理学の詳細に関する現代哲学の退屈さについては、Bernard Williams, *Morality: An Introduction to Ethics* (Cambridge: Cambridge University Press, 1993), p. xvii を参照。

(26) 「メタ批判的」という言葉については、Günter Wohlfart, "Metacritique of Practical Reason," at www.guenter-wohlfart.de. を参照。

第四章　必然性から偶有性へ

(1) Jürgen Habermas, *The Philosophical Discourse of Modernity: Twelve Lectures*, translated by Frederick G. Lawrence (Cambridge, Mass.: MIT Press, 1987), p. 377〔『近代の哲学的ディスクルスⅠ』〕. 英訳は若干変えてある。

(2) GG. p. 1097.

(3) Mikhail M. Bakhtin, *Literatur und Karneval* (Frankfrut/Main: Fischer, 1990). p. 49 を参照。

(4) G. W. F. Hegel, *Phenomenology of Spirit*, tras. A. V. Miller (Oxford: Oxford University Press, 1977), p. 2. ドイツ語の Wissenshaft（文字通り「知の創造」というような意味がある）は、自然科学、社会科学、

人文科学などあらゆる学問領域を含んでいる。この術語に関しては、この章の後半でさらに詳しく論じる。
（5）Geoffrey Winthrop-Young, "Silicon Sociology, or, Two Kings on Hegel's Throne? Kittler, Luhmann, and the Posthuman Merger of German Media Theory," *Yale Journal of Criticism* 13, no. 2（2002）: 391-420.
（6）ギュンター・ウォルファルト（Günter Wohlfart）は、私との私的な会話のなかで、ヘーゲルがいかにカントに負っているか、について詳細に説明してくれた。ここに記して感謝する。
（7）ミラーは『精神の現象学』の英訳において「True」と書いている。
（8）Ibid., pp. 23-27, 56.
（9）EL, p. 341.
（10）注6およびカントの『純粋理性批判』のA832/B860を参照。また "Modernity in Contemporary Society," in OM, p. 16 の注19にある「カントやヘーゲルにみられる理論構築へのこれ以上ない過剰な意識」に対するルーマンの洞察力溢れる見解を参照。
（11）GG, p. 11 および本書の補遺を参照。
（12）P, p. 200.
（13）Hegel, *Phenomenology*, p. 23〔ヘーゲル『精神現象学』長谷川宏訳、作品社、一九九八年〕.
（14）Fussball.
（15）たとえば、Hegel, *Phenomenology*, p. 2 を参照。
（16）ルーマンは「バーバリズムを超えて」という論考を以下のような文章で締め括っている。「こうした見立てが大体において僅かでも正しいとすれば、社会は社会学から助言も期待できなければ助けも得られない。しかし、私たちの専門領域において、楽観主義的－批判的な伝統的思考様式よりも、事実を正当に取り扱う理論を探し求めることには意味がある。つまり社会が自らを構成している事実を正当に、ということだ」(Barbarism, p. 272)。

(17) Hegel, *Phenomenology*, p. 493.

(18) GG, p. 1081.

(19) Hegel, *Phenomenology*, p. 492.

(20) Cognition, p. 250.

(21) GG, p. 1122.

(22) 『社会システム理論』のなかで、ルーマンはヘーゲルに「新人間主義の思想家」というレッテルを貼っている。SS. p. 259. また本書の第五章を参照〔原著 p. 350, 日本語訳四八七頁〕。

(23) WG.

(24) RM, p. 20 参照。

(25) WG, p. 457 参照。

(26) RM, p. 29 参照。

(27) こうした表現ではすべて、主格と目的格が同時に使われている。たとえば、『社会の科学』というタイトルは、「社会」という語を客観的意味でも主観的意味でも使っているので、社会を対象とする学問の一分野（すなわち社会を研究する学問としての「社会学」）を意味するとともに、学問（社会が関与している何かとしての学問）を「行なう」「主体」としての社会によって生み出される知識の一般体系としての学問、を指し示してもいる。

(28) Hegel, *Phenomenology*, p. 45. WG, p. 10.

(29) WG, p. 547.

(30) したがってロマン（Roman「小説」）のかわりに、教養小説（Bildungsroman）が好んで使われる。

(31) OM, p. ix.

(32) GG, p. 1097.

(33) WP, p. 17.

(34) WG, p. 159.

(35) GG, p. 1097.

(36) RMを参照。また Hans-Georg Moeller, *Luhmann Explained: From Souls to Systems*（Chicago: Open Court, 2006）, pp. 119-161 所収のマスメディアに関する項を参照。

(37) SS, p. 5〔原著 p.19, 日本語訳六頁〕参照。

(38) またルーマンの以下のような興味深い見解も参照。「ヘーゲル以後私たちに必要なのは、もっと実践的で、もっと日和見的で、もっと陽気でゲームのような理論へのアプローチだ」（Nico Stehr,"The Evolution of Meaning Systems: An Interview with Niklas Luhmann,"*Theory, Culture, and Society 1*, no.1（1982）: 32-48. 引用箇所は p. 47、強調は私による。ルーマンは一九七七年ヘーゲル学会のある部会のごく短い冒頭の挨拶で「アイロニカルな理論に、より高次の反省の可能性はある」のかと問いかけた（Niklas Luhmann,"Zur Einführung", Hegel-Studien, Beiheft 17, Boon: Bouvier, 1977, in *Ist Systematische Philosophie möglich?* Dieter Henrich, ed., pp. 443-445. 引用箇所は p. 445）。

第五章　プラトンへの最後の脚注

(1)　これは中国のような非西洋の論弁的伝統では、驚くほど異なっている。中国の伝統では、心身の実体的な分割はまったく採り入れられなかった。まったく逆に、その核心をなす哲学的な語彙——また同時にそれは医学や政治、風水など実践的な領域における「一般的」な語彙でもある——には、シン（心、精神）、キ（エネルギー）、ダオ（道、真理）などの非二元論的概念が含まれる。またその他物的／知性的含意がたやすく縒り合わさってしまうものが多数ある。

(2)　これは、『偶像の黄昏』の「四つの大誤謬」の項でニーチェが論じたやり方である。

(3)　Rene Descartes, *The Passions of the Soul* (article 34, "How the soul and the body act on one another")〔デカルト『情念論』谷川多佳子訳、岩波文庫、二〇〇八年〕. 私は以下の翻訳から引用している。Elizabeth S. Haldane and G. R. T. Ross in *The Philosophical Works of Descartes* (Cambridge, UK: Cambridge University Press, 1970), p. 347.

(4)　サイバネティクスの歴史については、以下の論考に優れた要約がある。Bruce Clarke, *Posthuman Metamorphosis. Narrative and Systems* (New York: Fordham University Press, 2008), pp. 4-7.

(5)　ルーマンは、部分／全体の差異からシステム／環境の差異へという、概念上のパラダイム・シフトについて以下のように語っている。「したがって、分化したシステムは、もはや単に一定数の部分および部分間の関係から成っているのではない。むしろかなり多数の操作的に用いられるシステム／環境の差異から成っている。その差異の一つ一つが、異なる切断線に沿って、サブシステムと環境の統一としての全体システムを再構成している」(SS, p. 7)〔原著 p. 23. 日本語訳九一一〇頁〕。

(6)　たとえば、GG, p. 117 参照。

（7）ここでジェームズ・ラブロックのガイア理論を思い起こしてもよい。

（8）このことは、社会理論に関するプラトンのもっとも重要な文献、すなわち『国家』をマルクス主義者や共産主義者がどのように読んだかをみれば、間接的にも明らかである。

（9）SS, pp. 9, 36.

（10）SS, p. 36; RM, p. 66.

（11）SS, p. 19

（12）ヒュームの *An Inquiry Concerning Human Understanding*, titled, "Special Doubts Concerning the Operations of the Understanding"〔『人間知性研究』斎藤繁雄・一ノ瀬正樹訳、法政大学出版局、二〇一一年〕の第一部、とりわけ第四節を参照。

第六章　エコロジー的進化

（1）たとえば、John Gray, *Straw Dogs: Thoughts on Humans and Other Animals* (London: Granta, 2002)〔グレイ『わらの犬』池央耿訳、みすず書房、二〇〇九年〕を参照。

（2）ルーマンとダーウィンについては、Geoffrey Winthrop-Young, "On a Species of Origin: Luhmann's Darwin," *Configurations* 11 (2003): 305–349 を参照。

（3）Jürgen Habermas, *The Philosophical Discourse of Modernity: Twelve Lectures*, translated by Frederick G. Lawrence (Cambridge, Mass.: MIT Press, 1987), p. 372〔『近代の哲学的ディスクルスⅠ』〕。ハバーマスの造語であるこの言葉に関するさらに詳細な議論は、本書第三章を参照。

（4）SS, p. li〔原著 p. 14. 日本語訳 xviii 頁〕.

（5） ジョン・グレイによる、『わらの犬』のこうした語り口の脱構築を参照。

（6） 歴史対進化をめぐるルーマンの用語法の議論については、"Evolution und Geshichite"in GG, pp. 569-576を参照。

（7） Wesen と gewesen という語呂合わせを英語に翻訳することはできない。文字どおり、この文章の意味するところは、本質《ヴューゼン》（essence）は在ったところのもの《ゲヴェーゼン》（what has been）である、ということである。

（8） Charles Darwin, *The Origin of Species*（Oxford: Oxford University Press, 1996）, p. 51〔ダーウィン『種の起源』（上・下）渡辺政隆訳、光文社古典新訳文庫、二〇〇九年〕.

（9） 生物学的な進化過程と社会的な進化過程を同一視するもっとも忌まわしい事例は、ナチのイデオロギーである。本章最後の私の論評を参照。

（10） 私の知る限り、ルーマンはその理論的語彙の一つとして「系譜学」という言葉を使ったことはない。

（11） 本書第四章を参照。

（12） ルーマンの意味という概念については、Hans-Georg Moeller, *Luhmann Explained: From Souls to Systems*（Chicago: Open Court, 2006）, p. 225 の用語解説を参照。ルーマンはもともとこの概念をフッサールから得て、それを可能性の地平における一つの（偶有的な）現実性と定義している。

第七章　ポストモダン的現実主義としての構成主義

（1） GG, p. 35.

（2） 構成主義的認識論の代表的な論文集としては、*Die erfundene Wirklichkeit: Wie wissen wir, was wir zu wissen glauben? Beiträge zum Konstruktivismus*, ed. Paul Watzlawick（Munich: Piper, 1981）がある。こ

の本には、ポール・ウォツラウィック、エルンスト・フォン・グラーゼルフェルト、ハインツ・フォン・フェルスター、フランシスコ・ヴァレラをはじめとしてさまざまな著者による論考が収められている。「ラディカル構成主義」というはっきりした呼称は、ドイツでは（私の知る限り）*Die Diskurs des radilalen Konstruktivismus*, ed, Siegfried J. Schmidt（Frankfurt/Main: Suhrkamp, 1987）のような刊行物を通して学問上一般的なものとなった。ルーマンは――頻繁に引用していることからも明らかなように――、グラーゼルフェルト、フォースター、ヴァレラといった初期の構成主義者に多くを負っていると感じていたようだ。しかし、シュミットが編纂した本にあるような、「流行と化した」後期の構成主義の展開は、完全には認めていなかったと思われる。

（3）Cognition, p. 241. この論考は、ルーマン版ラディカル（認識論的）構成主義の、ルーマン自身によるわかりやすい解説として読むことができる。

（4）SS, p. 2〔原著 p. 16、日本語訳二頁〕.

（5）「存在論」については、GG, pp. 893-912 を参照。ここでルーマンは、近代理論において「存在論的形而上学は完全に崩壊した」と診断している。

（6）SS, p. 2〔原著 p. 16、日本語訳二頁〕.

（7）ウィトゲンシュタインの『論理哲学論考』の1「世界は成立していることのすべてである」と2「成立していること――事実――は諸事態の成立である」を参照（英訳および強調点は私による）。

（8）またルーマンとドイツ観念論の関係については、本書第四章を参照。

（9）カントがよりラディカルな構成主義を「撤回」したことを、ルーマンは明らかに拒絶している。この点については、"Cognition as Construction," Hans-Georg Moeller, *Luhmann Explained: From Souls to*

Systems (Chicago: Open Court, 2006), pp. 241–260 を参照。ルーマンはカントの『純粋理性批判』〔熊野純彦訳、作品社、二〇一二年〕から次の定理を引用し、［ ］で注釈を施し、難色を示している。「私自身の現存在についてのたんなる意識、とはいえ経験的に［!］規定された意識によって、私の外部にある空間中の［!］対象の［!］［したがってまた何ものかの現存在だけではない］現存在が証明される」(“Cognition as Construction”, p. 242n3)。

(10) スピノザの英訳は以下による。G. H. R. Parkinson, *Ethics* (Oxford: Oxford University Press, 2000), p. 76〔スピノザ『エチカ』(上・下) 畠中尚志訳、岩波文庫、一九五一年〕.

(11) GG, p. 35; LE, p. 239.

(12) グローバリゼーションの分析にルーマン的アプローチを使う試みに関しては、Jean-Sebastien Guy, “The Name ‘Globalization’: Observing Society Observing Itself”, in Ignacio Farias and Jose Ossandon, eds. *Observando Sistemas* 2 (Mexico DF: Universidad Iberoamericana, 近刊) を参照。

(13) Cognition, p. 250.

(14) RM, pp. 6, 7 (強調は私による).

(15) ルーマンとデリダについては、Deconstruction を参照。

(16) SS, p. 498 n19 (26); 強調は原文。たいへん興味深いことに、ルーマンはこの叙述につづいて、以下の論考に肯定的に言及している。Alfred Locker, “On the Ontological Foundations of the Theory of Systems,” in *Unity Through Diversity: A Festschrift for Ludwig von Bertalanffy*, ed. William Gray and Nicholas D. Rizzo (New York: 1973), 1: 537–572. ルーマンはこのように、少なくとも間接的には、自分の理論の存在論的次元を認めていた。

（17） Jean Clam, *Was heißt, sich an Differenz statt an Identität orentieren? Zur De-ontologisierung in Philosophie und Sozialwissenshaft* (Konstanz: UVK, 2002). サブタイトルが示しているように、クラムは同一性から差異への転換を「脱存在論化」だとみなしていた。私は、この転換を「古典的」な存在論から「ポストモダン」の存在論への転換だとみなしたい。

（18） Ray Monk, *Ludwig Wittgenstein: The Duty of Genius* (London: Penguin, 1990), pp. 536-537〔モンク『ウィトゲンシュタイン』（1・2）岡田雅勝訳、みすず書房、一九九四年〕. ドゥルリーとウィトゲンシュタインとの間で交わされた会話の記述の出典として、モンクは、*Recollections of Wittgenstein*, ed. Rush Rhees (Oxford: 1984), p. 157 を挙げている。

（19） "European Rationality," in OM, p. 23.

（20） Ibid., p. 35.

（21） ドナルド・フィリップ・ヴァレーヌには、「逆さまの世界」というタイトルの優れた論文――これはまたきわめて優れた本である『ヘーゲルの想起』に収録されている――がある。Verene, *Hegel's Recollection: A Study Images in the* Phenomenology of Spirit (Albany: SUNY Press, 1985), pp. 39-58.

（22） ヴァレーヌは以下のように言っている。ヘーゲルの「現象学は、愚か者たちが乗った哲学の船だとみなされうる。そこでは、それぞれの段階が、船内の一つひとつの船室であり、読者一人ひとりは、意識それ自体が描く幻想の独創的な進路にしたがって、学問知へ向かって一歩一歩進んでいくのである」(*Hegel's Recollection*, p. 54)。

（23） ウィゲンシュタイン『哲学探究』のまえがきにある。

（24） 原典のドイツ語の表現は、"Zurück auf den rauhen Boden!" (*Philosophical Investigations*, p. 107) である。

（25） Ibid., p. 107.

第八章　ユートピアとしての民主主義

（1） この表現は、Edwin Czerwick, *Systemtheorie der Demokratie: Begriffe und Strukturen im Werk Luhmanns* (Wiesbaden: Verlag für Sozialwissenshaften, 2008) において使われている。

（2） 私的な会話のなかで、ジェイソン・ドックスティダーは、次のように示唆している。こうした決定がなされねばならないという事実、またこうした決定が政治システムによってよくなされているという事実は、ルーマンがけっして書くことがなかった一つの社会システム、つまり戦争システム、あるいは軍事システムがある、ということを示しているのだ、と。

（3） RM, p. 50.

（4） Sematik, p. 80. また Czerwick, *Systemtheorie der Demokratie*, p. 65 を参照。

（5） Wahl.

（6） Czerwick, *Systemtheorie der Demokratie*, p. 98. ツェルウィック（とルーマン）は明らかに、この記述については、ヨーロッパの民主主義を念頭においている。合衆国では、政府と大統領は議会ではなく、別の政治体から選出される。しかしその政治体も選挙で選ばれているので、その「環」はヨーロッパでも合衆国でも基本的には同じである。

（7） PG, p. 366.

（8） PG, pp. 366, 283.

（9） Parteien, p. 52.

（10） Meinung, p. 170.「象徴的支配」という考えについて、ルーマンは以下の文献の脚注で言及している。Thurman W. Arnold, *The Symbols of Government* (New Haven: Yale University Press, 1935); Murray Edelman, *The Symbolic Uses of Politics* (Urbna: University of Illinois Press, 1967)〔アーノルド『政治の象徴利用』法貴貞一訳、中央大学出版部、一九九八年〕; Marcelo Neves, *A Constitucionalização Symbólica* (Sao Paolo, 1994).

（11） Michel King and Chris Thornhill, *Niklas Luhmann's Theory of Politics and Law* (New York: Palgrave MacMillan, 2003), pp. 203-225. キングとソーンヒルの分析のさらなる詳細については、その補遺を参照。

（12） Czerwick, pp. 191-192. ツェルウィックの本は、総合的にみて、ルーマンの民主主義概念のきわめて的確で優れた研究だと私は思う。

第九章　結　論

（1） 私の友人の名は、ヤーリ・グローセ＝リュイケン（Jari G Grosse-Ruyken）という。

（2） 一つ例を挙げるなら、John Mingers, "Can Social Systems be Autopietic? Assessing Luhmann's Social Theory," *Sociological Review 50* (2002): 278-299がある。

（3） 以下、私は「理論」という用語をルーマンの（超）理論の概念をさすものとして使う。

（4） Michel King and Anton Schutz, "The Ambitious Modesty of Niklas Luhmann," *Journal of Law and Society* 21 (1994): 261-287を参照。

（5） この文章のアイロニカルな性質は、この注を見る読者にだけ気づかれるわけではないだろう。

（6） 本書第四章を参照。

（7）近代科学が知識の集積によって単に「成長」したのではなく、むしろいかに多様な仕方で機能していたかは、トマス・クーンの仕事にもっとも鮮やかに描かれている。

（8）英訳は、シリル・スミスによる。www.marxists.org/archive/marx/works/1845/these/index.htm.

（9）本書第四章でなされている、ルーマンの著作の多くのタイトルが文法的に曖昧であるという議論（たとえば『社会の社会』）を参照。

（10）*Apology*, p. 38a.

（11）Gilles Deleuze, *Logique du sens*（Paris: Les Éditions de Minuit: 1969）〔ドゥールズ『意味の論理学』（上・下）小泉義之訳、河出文庫、二〇〇七年〕.

（12）彼の *Die neuzeitlichen Wissenshaften und die Phänomenologie*（Vinna: Picus, 1996）, pp. 45-46 参照。

（13）本書第四章のこの文章についての議論を参照。

（14）道徳と倫理については、ルーマンの以下の文献を参照。"Paradigm Lost: On the Ethical Reflection of Morality: Speech on the Occasion of the Award of the Hegel Prize, 1989," *Thesis Eleven* 29（1991）: 82-94; "The Code of the Moral", *Cardozo Law Review* 14（1992-93）: 995-1009; "The Sociology of the Moral and Ethics", *International Sociology* 11（1996）: 27-36; "The Morality of Risk and the Risk of Morality," *International Review of Sociology* 3（1987）: 87-101. また私の『ルーマン概説』の否定倫理学についての項も参照。*Luhmann Explained: From Souls to Systems*（Chicago: Open Court, 2006）, pp. 108-114.

（15）いま社会システム理論とポストモダニズムの間に違いがあるのか、と疑問をもちはじめている読者には、ルーマンの以下のような言葉がある。「これは結局ポストモダンの理論なのか？　おそらくそうだろう、ただそうなら、ポストモダン的な概念の支持者たちは、自分たちが何について語っているのかをついに知ることになるだろう」（"Why Dose Society Describe Itself as Postmodern?" *Cultural Critique* [Spring 1995]: 171-186; 引用は p. 184）。

（16） Barbarism, p. 269.

（17） World Society, p. 187.

（18） Ludwig Wittgenstein, "Lecture on Ethics," *Philosophical Review* 74, no. 1 (1965): 3-12.

補遺

（1） ヴォルフガンク・ハーゲンによるルーマンへのインタヴュー（「ブレーメン・ラジオ」一九九七年十月二日放送）から引用。文字に起こしたものは以下でみられる。www.radio-bremen.de/online/luhmann/es_gibt_keine_biographi/pdf. 英訳は私の手になる。ドイツ語では、ルーマンは「ナチ－環境」（Nati-Umwelt）という言葉を「システム－環境」という彼の理論の術語と類比的に使っている。この補遺のなかにでてくる伝記的な情報はすべて、とくに他で断りがない限り、このインタヴューにおけるルーマンの発言がもとになっている。

（2） 住民との交流において地域のお祭りでビールを飲むことは、ドイツでは社会的美徳だとみなされる。こうした活動をしない人は、公務員として出世するのは難しいだろう。

（3） ルーマンの著作の包括的な文献目録として、Sylke Schiermeyer and Johannes F. K. Shumidt, "Nikulas Luhmann—Shiriftenverzeichnis1," *Soziale Systeme: Zeitschrift für soziologische Theorie* 4, no. 1 (1988): 233-263 がある。

（4） www.radio-bremen.de/online/luhmann/es_gibt_keine_biographi/pdf 参照。

（5） GG, p. 11.

（6） SS, p. 4.

（7） TG.

（8） P, p. 71.

（9） 第一次サイバネティクスと第二次サイバネティクスの違いについては、Bruce Clarke, *Posthuman Metamorphosis: Narrative and Systems* (New York: Fordham University Press, 2008), pp. 4-7を参照。

（10） SC, p. 25.

（11） Jürgen Habermas, *The Philosophical Discourse of Modernity: Twelve Lectures*, translated by Frederick G. Lawrence (Cambridge, Mass.: MIT Press, 1987) のルーマンの章を参照。

（12） 最後の一冊を除くすべての本は、Suhrkamp (Frankfrut/Main) から出版されている。*Die Realität der Massenmedien* (Opladen: Westdeutscher Verlag)〔『マスメディアのリアリティ』林香里訳、木鐸社、二〇〇五年〕; Das Recht der Gesellshaft, trans. Klaus A. Ziegart (Oxford: Oxford University Press, 2002)〔『社会の法』1、馬場靖雄・上村隆広・江口厚仁訳、法政大学出版局、二〇一六年〕; *Die Kunst der Gesellshaft*, trans. Eva Knodt (Stanford: Stanford University Press, 2000)〔『社会の芸術』馬場靖雄訳、法政大学出版局、二〇〇四年〕; *Die Realität der Massenmedien*, trans.Kathleen Craoss (Stanford: Stanford University Press, 1996).

（13） *Die Religion der Gesellschaft* (The Religion of Society) (Frankfurt/Main: Suhrkamp, 2000)〔『社会の宗教』土方透・森川剛光・渡會 知子・畠中茉莉子訳、法政大学出版局、二〇一六年〕; *Die Politik der Gesellshaft* (The Politics of Society) (Frankfurt/Main: Suhrkamp, 2000)〔『社会の政治』小松丈晃訳、法

政大学出版局、二〇一三年〕; *Das Erziehungssystem der Gesellschaft*（The Education System of Society）（Frankfurt/Main: Suhrkamp, 2000）.

（14）この本はSuhrkamp（Frankfrut/Main）から出版されている〔『社会の社会』馬場靖雄・赤堀三郎・菅原謙・高橋徹訳、1（二〇〇四年）、2（二〇〇九年）、法政大学出版局〕。

（15）この本はSuhrkamp（Frankfrut/Main）から出版されている。英訳は、Jeremy Gaines and Doris. L. Jones, *Love as Passion: The Codification of Intimacy*（Cambridge, UK: Polity Press, 1986）〔『情熱としての愛』佐藤勉・村中知子訳、木鐸社、二〇〇五年〕。ゼマンティクに関するルーマンの多くの論考は、*Gesellschaftsstrukture und Semantik*（『社会構造とゼマンティク』）というタイトルで四巻に纏められ、それぞれ一九八〇年、一九八一年、一九八九年、一九九五年にSuhrkamp（Frankfrut/Main）から出版されている〔『社会構造とゼマンティク』1（徳安彰訳、二〇一一年）、2（馬場靖雄・赤堀三郎・毛利康俊・山名淳訳、二〇一三年）、3（馬場靖雄・赤堀三郎・阿南衆大・徳安彰・福井康太・三谷武司訳、二〇一三年）、法政大学出版局〕。

（16）英訳は、John Bednarz Jr.（Chicago: University of Chicago Press, 1989）による〔『エコロジーのコミュニケーション』庄司信訳、新泉社、二〇〇七年〕。

（17）英訳は、Rhodes Barrett（New York: De Gruyter, 1993）による〔『リスクの社会学』小松丈晃訳、新泉社、二〇一四年〕。

（18）Deconstruction.

（19）Postmodern, p. 179.

（20）ルーマン理論のさらに詳細な紹介については、私の『ルーマン概説』（*Luhmann Explained: From*

Souls to Systems, Chicago: Open Court, 2006）を参照。

（21） 第二次システム理論については、Clarke, *Posthuman Metamorphosis*, 7を参照。また第二次サイバネティクス、第二次創発については、N. Katherine Hayles, *How We Became Posthuman*（Chicago: University of Chicago Press, 1999）, pp. 6 243を参照。

（22） SS, p. 7.

（23） 普通の（trivial）機械と普通ではない（nontrivial）機械という術語上の区別については、ハインツ・フォン・フェルスターにまで遡る。Clarke, *Posthuman Metamorphosis*, pp. 141-142を参照。

（25） このビートルズの歌の引用は、以下の論文から借用した。Ranulph Glanville and Francisco Varela, "Your Inside Is Out and Your Outside Is In（Beatles 1968）," in *Applied Systems and Cybernetics*, vol. 2, ed. George E. Lasker（Oxford: Pergamon, 1981）, pp. 638-641.

（25） 本書第五章を参照。

（26） Mindを参照。

（27） GG, p. 35.

（28） SS, p. xxiv.

（29） この用語は"utterance"とも英訳されている。

（30） SS, p. xxiv.

（31） LSを参照。

（32） RM, p. 97.

（33） 「フォイエルバッハに関する十一のテーゼ」〔エンゲルス『フォイエルバッハ論』松村一人訳、岩波文庫、一九六〇年〕において定式化されている通りである。

（34）Michel King and Chris Thornhill, *Niklas Luhmann's Theory of Politics and Law* (New York: Palgrave MacMillan, 2003), p. 204を参照。

（35）ルーマンの業績がドイツおよびヨーロッパに与えた衝撃のあらましについては、以下を参照。Henk de Berg and Johannes Schmidt, eds., *Rezeption und Reflexion: Zur Resonanz der Systemtheorie Niklas Luhmanns außerhalb der Soziologie* (Suhrkamp: Frankfurt/Main, 2000).

（36）本書第二章を参照。

（37）Harrison C. White, *Identity and Control: How Social Formation Emerge*, 2nd ed. (Princeton: Princeton University Press, 2008), p. 337.

訳者あとがき

本書は、Hans-Georg Moeller, *The Radical Luhmann*, Columbia University Press, 2012 の全訳である。

そのシンプルなタイトルに明らかなように、本書はルーマン理論の核心にある「ラディカリズム」に照準し、その「哲学から理論へ」というパラダイム・シフトがどのようなものであるか、を明らかにする試みである。ルーマンは、現代社会学を牽引するドイツの社会学者、社会システム論者として知られているが、その理論は一般に「保守的」だとみなされている。しかし著者は、ルーマンを、近代西欧思想に特有のヒューマニズムと厳しく対峙する思想家として新たに位置づけることで、こうした通説に敢然と異を唱える。ルーマンは、「ラディカル構成主義」を標榜し、社会を普遍的な理論的枠組みによって説明する「超理論」を提唱した真にラディカルな社会学者であり、「ルーマンのラディカリズムを掬いとり、守り、明らかにすること、そのためにこそ私はこの本を書いたのである」と著者は言う。

本書の特徴は、なんといってもその明快な語り口にある。巧みな比喩やシニカルなユーモア、またときに率直な心情の吐露を交えながら、ルーマン理論の要諦を解きほぐすように明らかにしていく。その説得力溢れる理路の展開に、まず惹きつけられる。難解で知られるルーマンの文章をわかりやすく読み解くという困難な試みを、軽々とこなしているかのような印象だ。

しかし本書はルーマン理論の用語や概念をただ羅列的に説明した単なる解説本ではない。著者はそもそも水で薄めたようなルーマン、ルーマンを軟らかく易しくする試み、つまり「ルーマンの簡略版」を差し出すことには何の価値もないと断じている。著者は、ルーマン理論とヘーゲル哲学の比較、コミュニケーション次元による心身二元論の克服、現実主義としての構成主義、ルーマン理論と進化論の親和性、象徴としての民主主義など多くの論争的なテーマを次々に繰り出しながら、オリジナリティのある議論を大胆かつ周到に展開し、この本全体に「ラディカルなルーマン」という鮮明なルーマン像を刻みつけていく。だからこそ、読み易いけれど読み応えがあるのだ。

わかりやすい入門書にして示唆に富むすぐれた研究書、なかなか両立しがたいこの二つの側面を持ち合わせている稀有な読み物である本書は、ルーマンの著作を一度も手に取ったことのない大学生から、ルーマン理論に一家言をもつ専門家まで、さまざまな読者を「楽しませる」ことができると思う。「ルーマンってこんなことを言っていたのか……」とストンと腑に落ちる爽快感を与えてくれるかもしれないし、「ルーマンはそんなことは言ってないよ……」とそのあまりにも明瞭すぎるルーマン像に反発や批判の衝動を抑えられなくなるかもしれない。いずれにしても、本書はルーマン自身の著作とは違って、読んでいてけっして「眠くなる」ことはない、刺激的でわくわくするような筆致で書かれていることだけは確かだ。

数年前、研究休暇でのんびりと自由気儘な時間を過ごしていたとき、何気なく手にとった赤い小さなペーパーバックの本を読み始め、読み終わらないうちに、これを翻訳してみよう、と思い立った。それは私自身ルーマンを読んだときに抱いた「乾いた理論」という印象が、著者の描く「ラディカル・ルーマン」というイメージと違和感なく重なったからだ。彼のルーマン「像」のすべてに賛同するわけではないが、ルーマンがラディカルであるという本書の根幹を成す主張にまったく異論はない。また本書全体から伝わってくる「理論」への確かな信頼と静かな思いにも少なからず感銘を受けた。「理論を行なう人」は、原理主義的な熱狂や根拠のない信念、厄介な正義感や単純な思考回路を端的に退けることができる。「理論」の効用を説く本書は、「現代日本社会」においてきわめて示唆的だ。

翻訳にさいしては、原著のもつこうした価値や魅力をなるべく損なわないように、わかりやすい日本語にしようと腐心した。それがどれほど達成できているか正直心許ないが、著者の議論の核心にあるものを少しでも伝えることができたとすれば、訳者としてたいへん嬉しく思う。とはいえもちろん翻訳に完璧ということはなく、本書には誤訳や勘違いや思い込みなど多くの間違いが散見されるに違いない。そのすべての責任はもちろん訳者である私一人にある。読者の方々から厳しいご指摘、ご叱責をいただければ幸いである。

最後に、あえてお名前は挙げないが、訳出の過程でお世話になったお二人の方に、とくにお礼を申し上げておきたい。お一人には哲学関連のいくつかの用語について訳語のチェックをお願いし、多くの有益なご教示をいただいた。もうお一人には訳文に丁寧に目を通していただき、訳語や解釈についてさまざまな相談にのっていただいた。記して心より感謝する。

本書の出版にあたっては、新曜社の渦岡謙一さんにたいへんお世話になった。原稿の段階から訳文に目を通していただき、多くの助言もいただいた。編集の過程では、ゲラのチェック、索引や文献表の作成や訳注などについて、さまざまなご配慮をいただいた。渦岡さんのご尽力がなければ、本書が出版されることはなかっただろう。改めて感謝の意を表したい。

二〇一七年八月

吉澤夏子

監訳、恒星社厚生閣、1993・1995 年〕
Systemreferenz
"Die Systemreferenz von Gerechtigkeit: Erwiderung auf die Ausführungen von Ralf Dreier," *Rechtstheorie* 5 (1974): 201-203.
TG
Niklas Luhmann and Jürgen Habermas, *Theorie der Gesellschaft oder Sozialtechnolgie: Was leistet die Systemforschung?* Frankfurt/Main.: Suhrkamp, 1971.〔『批判理論と社会システム理論――ハーバーマス＝ルーマン論争』（上・下）佐藤嘉一・山口節郎・藤沢賢一郎訳、木鐸社、1984・1987 年〕
Wahl
"Wie haben wir gewählt? Aber haben wir wirklich gewählt-oder hat das Volk gewürfelt?" *Frankfurter Allgemeine Zeitung,* no. 246 (Oct. 22, 1994): 29.
WG
Die Wissenschaft der Gesellschaft, Frankfurt/Main: Suhrkamp, 1990.〔『社会の科学』（1・2）徳安彰訳、法政大学出版局、2009 年〕
World Society
"The World Society as a Social System," *Essays on Self-Reference,* New York: Columbia University Press, 1990, pp. 175-188.
WP
Die neuzeitlichen Wissenschaften und die Phänomenologie, Vienna: Picus, 1996.

P

Protest. Frankfurt/Main: Suhrkamp, 1996.

Paradox

"Das Paradox der Menschenrechte und drei Formen seiner Entfaltung" in *Soziologische Aufklärung,* vol. 6. Opladen: Westdeutscher Verlag, 1995.

Parteien

"Die Unbeliebtheit der politischen Parteien," in *Politik ohne Projekt? Nachdenken über Deutschland,* ed. Siegfried Unseld. Frankfurt/Main: Suhrkamp, 1993, pp. 43–53.

PG

Die Politik der Gesellschaft, Frankfurt: Suhrkamp, 2oo2.〔『社会の政治』小松丈晃訳、法政大学出版局、2013 年〕

Postmodern

"Why Does Society Describe Itself as Postmodern?" *Cultural Critique* 30 (1995): 171–186.

PR

Niklas Luhmann and Karl-Eberhard Schorr, *Problems of Reflection in the System of Education,* trans. Rebecca A. Neuwirth, New York: Waxman, 2000.

R

Risk: A Sociological Theory, trans. Rhodes Barrett, New York: De Gruyter, 1993.〔『リスクの社会学』小松丈晃訳、新泉社、2014 年〕

RM

The Reality of the Mass Media, trans. Kathleen Cross, Stanford: Stanford University Press, 2000.〔『マスメディアのリアリティ』林香里訳、木鐸社、2005 年〕

SA

Soziologische Aufklärung, vol. 6, Opladen: Westdeutscher Verlag, 1995.

SC

Short Cuts, Frankfurt/Main: Zweitausendeins, 2000.

Semantik

"Staat und Politik: Zur Semantik der Selbstbeschreibung politischer Systeme," in *Soziologische Aufklärung 4. Beiträge zur funktionalen Differenzierung der Gesellschaft,* Opladen: Westdeutscher Verlag, 1987, pp. 74–103.

SS

Social Systems, trans. John Bednarz Jr. with Dirk Baecker. Stanford: Stanford University Press, 1995.〔『社会システム理論』（上・下）佐藤勉

GG

Die Gesellschaft der Gesellschaft, Frankfurt/Main: Suhrkamp, 1997.〔『社会の社会』馬場靖雄・赤堀三郎・菅原謙・高橋徹訳、1（2004年）、2（2009年）、法政大学出版局〕

GI

Grundrechte als Institution: Ein Beitrag zur politischen Soziologie, Berlin: Duncker and Humblot, 1965.

Globalization

"Globalization or World Society? How to Conceive of Modern Society?" *International Review of Sociology* 7, no. 1 (March 1997): 67-79.

Kapitalismus

"Kapitalismus und Utopie," *Merkur* 48 (1994): 189-198.

KG

Die Kunst der Gesellschaft, Frankfurt/Main: Suhrkamp, 1997. Trans. Eva Knodt as *Art as a Social System,* Stanford: Stanford University Press, 2000.〔『社会の芸術』馬場靖雄訳、法政大学出版局、2004年〕

Limits

"Limits of Steering," *Theory, Culture, and Society* 14, no. 1 (1997): 41-57.

LS

Law as a Social System, trans. Klaus A. Ziegert, Oxford: Oxford University Press, 2005, p. 468.

Meinung

"Meinungsfreiheit, öffentliche Meinung, Demokratie," in *Meinungsfreiheit als Menschenrecht*, ed. Ernst-Joachim Lampe, Baden-Baden: Nomos, 1998, pp. 99-110.

Mind

"How Can the Mind Participate in Communication?" in *Materialities of Communication*, ed. H. U. Gumbrecht and K. L. Pfeiffer, Stanford: Stanford University Press, 1994.

N

Gibt es in unserer Gesellschaft noch unverzichtbare Normen? Heidelberg: C. F. Müller Juristischer Verlag, 1993.

OM

Observations on Modernity, trans. William Whobrey, Stanford: Stanford University Press, 1998.〔『近代の観察』馬場靖雄訳、法政大学出版局、2003＝2012年〕

文献の短縮表記

本書で頻繁に引用される文献の短縮形を以下に記しておく。とくに断わりがない限りルーマンの単著である。

Barbarism
"Beyond Barbarism," in Hans-Georg Moeller, *Luhmann Explained: From Souls to Systems,* Chicago: Open Court, 2006, pp. 261-272.

Chirurg
"Chirurg auf der Parkbank: Des Wählers Freiheit, eine Illusion," *Frankfurter Allgemeine Zeitung* (June 9, 1994): 35.

Cognition
"Cognition as Construction," in Hans-Georg Moeller, *Luhmann Explained: From Souls to Systems,* Chicago: Open Court, 2006, pp. 241-260.〔「構成としての認識」土方透・松戸行雄共編訳、『ルーマン、学問と自身を語る』新泉社、1996 年、223—256 頁〕

Deconstruction
"Deconstruction as Second-Order Observing," *New Literary History* 24 (1993): 763-782.

EC
Ecological Communication, trans. John Bednarz Jr., Chicago: University of Chicago Press, 1989.〔『エコロジーのコミュニケーション』庄司信訳、新泉社、2007 年〕

EL
Einführung in die Systemtheorie, Heidelberg: Carl-AuerSysteme, 2002.〔ディルク・ベッカー編『システム理論入門——ニクラス・ルーマン講義録』(1・2) 土方透監訳、新泉社、2007・2009 年〕

ES
Essays on Self-Reference, New York: Columbia University Press, 1990.〔『自己言及性について』土方透・大澤善信訳、国文社、1996 年〕

Fussball
"Der Fußball," *Frankfurter Allgemeine Zeitung* 152 (July 4, 1990): N3.

Gerechtigkeit
"Gerechtigkeit in den Rechtssystemen der modernen Gesellschaft," *Rechtstheorie* 4 (1973): 131-167.

や　行

ら・わ　行

な　行

は　行

ま　行

た　行

さ　行

事項索引

ハ 行

マ 行

ラ 行

人名・著作索引

著者紹介

ハンス＝ジョージ・メラー（Hans-Georg Moeller）
1964年生まれ。澳門大学（University of Macau）教授。専門は中国哲学、比較哲学。おもな著書には、*The Philosophy of Daodejing*（『道徳経の哲学』）、*The Moral Fool: A case for Amorality*（『道徳的愚か者』）、*Luhmann Explained*（『ルーマン概説』）などがある。

訳者紹介

吉澤夏子（よしざわ なつこ）
1955年、東京生まれ。1983年、慶應義塾大学大学院社会学研究科博士課程単位取得退学。
現在、立教大学社会学部教授。博士（社会学）、専門・社会学。
主著：『「個人的なもの」と想像力』（勁草書房、2012年）、『世界の儚さの社会学──シュッツからルーマンへ』（勁草書房、2002年）、『女であることの希望──ラディカル・フェミニズムの向こう側』（勁草書房、1997年）、『差異のエチカ』（共編著、ナカニシヤ出版、2004年）。

新曜社 ラディカル・ルーマン
必然性の哲学から偶有性の理論へ

初版第1刷発行 2018年1月31日

著　者　ハンス＝ジョージ・メラー
訳　者　吉澤夏子
発行者　塩浦　暲
発行所　株式会社　新曜社
〒101-0051　東京都千代田区神田神保町3-9
電話（03）3264-4973（代）・FAX（03）3239-2958
E-mail：info@shin-yo-sha.co.jp
URL：http://www.shin-yo-sha.co.jp/

印　刷　長野印刷商工（株）
製　本　イマヰ製本所

ISBN978-4-7885-1553-6　C1030

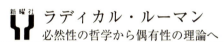